clave

Allan Percy (California, 1959) es experto en *coaching*, conferenciante y un reconocido escritor especializado en manuales de superación personal. En la actualidad asesora a editoriales en temas de autoayuda, además de viajar por todo el mundo en busca de nuevas inspiraciones para sus libros. A lo largo de sus años de carrera ha colaborado con profesionales del prestigio de Elisabeth Kübler-Ross o Foster Hibbard. Es autor de *Conecta con la felicidad*, *La escafandra del optimista* y de la serie Genios para la Vida Cotidiana, entre otros.

La escafandra del optimista

ALLAN PERCY

DEBOLS!LLO

Papel certificado por el Forest Stewardship Council®

Primera edición: enero de 2010
Segunda reimpresión: julio de 2025

© 2010, Allan Percy
© 2010, Penguin Random House Grupo Editorial, S. A. U.
Travessera de Gràcia, 47-49. 08021 Barcelona
Diseño de la cubierta: Mot Studio
Fotografía de la cubierta: © Shutterstock

Penguin Random House Grupo Editorial apoya la protección de la propiedad intelectual. La propiedad intelectual estimula la creatividad, defiende la diversidad en el ámbito de las ideas y el conocimiento, promueve la libre expresión y favorece una cultura viva. Gracias por comprar una edición autorizada de este libro y por respetar las leyes de propiedad intelectual al no reproducir ni distribuir ninguna parte de esta obra por ningún medio sin permiso. Al hacerlo está respaldando a los autores y permitiendo que PRHGE continúe publicando libros para todos los lectores. De conformidad con lo dispuesto en el artículo 67.3 del Real Decreto Ley 24/2021, de 2 de noviembre, PRHGE se reserva expresamente los derechos de reproducción y de uso de esta obra y de todos sus elementos mediante medios de lectura mecánica y otros medios adecuados a tal fin. Diríjase a CEDRO (Centro Español de Derechos Reprográficos, http://www.cedro.org) si necesita reproducir algún fragmento de esta obra.
En caso de necesidad, contacte con: seguridadproductos@penguinrandomhouse.com

Printed in Spain – Impreso en España

ISBN: 978-84-9908-150-2
Depósito legal: B-41.604-2009

Compuesto en Anglofort, S. A.

Impreso en Liberdúplex
Sant Llorenç d'Hortons (Barcelona)

P 8 8 1 5 0 A

*Dedicado a los magos cotidianos
que hacen sonreír a los demás*

Índice

¡Sonríe, por favor! 11

FAST MOOD: doce propuestas sencillas para
fomentar el optimismo........................ 15

Un caso práctico: el método Wolf & Merkle
    para superar un «No» 29

Diez lecciones maestras para vivir con optimismo ... 33

Las dos caras: positivizar lo negativo.............. 47

Doce historias de optimistas 65

Los amigos del optimismo...................... 111

Cien comprimidos de vitamina O (de Optimismo) .. 129

¡Sonríe, por favor!

Cuando termines de leer este libro habrás aprendido el secreto: los optimistas poseen un blindaje especial que los protege contra las dificultades. Como un buzo que trabaja en el fondo del abismo, quien piensa en positivo es capaz de actuar al margen del desánimo y encontrar soluciones en aguas revueltas.

No es casual que cuando nos plantamos delante de un fotógrafo nos pida una sonrisa. Al trazar en nuestro rostro la curva de la felicidad despertamos la simpatía de las personas de nuestro entorno, lo que se traduce en un mayor éxito social, laboral o incluso sentimental.

¡Las personas que andan todo el día enfurruñadas resultan muy poco atractivas!

Especialmente si nos enfrentamos a dificultades, la escafandra del optimismo nos permite mantener un buen tono anímico y energético. No importa lo mucho que nos hayamos hundido, el optimista sabe que la vida es una montaña rusa y que tan pronto parece elevarse sobre el resto de los mortales como cae en el mayor de los desánimos.

En lugar de sufrir estos vaivenes buceando a pulmón, la escafandra del optimismo nos permite ver lo que pasa fuera sin empapar nuestro buen humor.

La misión de este libro es proporcionar al lector esta escafandra a través de un «kit de supervivencia» que incluye los siguientes instrumentos:

- Doce ejercicios rápidos para engrasar los resortes del optimismo: FAST (GOOD) MOOD.

- Lecciones y aforismos de grandes maestros para ver la cara buena de la vida.

- Un cambio de perspectiva para convertir los pensamientos fatalistas en positivos.

- Doce biografías de optimistas que, pese a las dificultades, se salieron con la suya.

- Un breve repaso científico a tres amigos del optimismo: la cocina energética, las endorfinas y la hierba de San Juan.

Este compendio de herramientas para el optimismo —prácticamente un almanaque de ideas y recursos— pone en tus manos la elección del estado de ánimo con el que «sintonizarás» más a menudo.

Si eliges el optimismo, seguirán habiendo días buenos y días malos, éxitos y fracasos, pero tu actitud te permitirá subir y bajar sin perder el ánimo. Ese es el don de la escafandra protectora que estás a punto de adquirir.

Ya lo decía William Shakespeare:

«Es más fácil obtener lo que se desea con una sonrisa que con la punta de una espada».

FAST MOOD:
doce propuestas sencillas para fomentar el optimismo

Enderezar la postura

Se ha demostrado que la postura corporal incide en el estado de ánimo, ya que de hecho es un reflejo de éste.

Todos hemos observado a personas que andan cabizbajas, con los hombros hundidos. ¡Es muy difícil ver la vida de color de rosa cuando estás mirando el suelo!

También es típico de los pesimistas andar lentamente, a veces arrastrando los pies.

La buena noticia es que este espejo entre postura corporal y estado de ánimo también funciona en la dirección opuesta: si nos acostumbramos a andar con la cabeza erguida y la espalda recta, dando grandes pasos, estaremos mandando a nuestro inconsciente el mensaje «todo va a ir bien».

Modular la voz

También nuestras cuerdas vocales son un instrumento capaz de transmitir alegres sinfonías o marchas fúnebres.

Los pesimistas acostumbran a hablar de forma lenta y cansada. En ocasiones es una estrategia para que las personas de su entorno se acerquen a ellos para oírles. Sin embargo, esta clase de caracteres no suelen ser muy populares.

En el otro extremo, los que hablan de manera excesivamente enérgica pueden cargar los nervios de las personas de su entorno.

El optimista debe desarrollar un tono alegre y entusiasta, a la vez que relajado, que transmita confianza a su interlocutor. Sonreír mientras se habla ayuda a desarrollar un canal positivo de comunicación, ya que se produce inmediatamente un contagio emocional.

Centrarse en la solución, no en el problema

Hay dos tipos de personas: las que se pasan el día sufriendo por los problemas y las que se esfuerzan en hallar las soluciones.

¿En qué bando estás?

Las primeras aburren a todo el mundo explicando la gravedad de su situación, la injusticia que padecen, el desplante que les ha hecho éste o aquél. Dicho de otro modo: sólo quieren hablar del problema.

Para las personas que se centran en las soluciones, el problema sólo es un trampolín que las impulsa hacia la acción.

Haz la prueba: la próxima vez, en lugar de decir «tengo un problema», examina las soluciones y opta por una de ellas.

Siempre positivo, nunca negativo

Invirtiendo la crítica que hizo el entrenador de fútbol Louis van Gaal a un periodista, «siempre negativo, nunca positivo», el rasgo principal de la persona optimista es que positiviza todo lo que le sucede.

Quien lleva la escafandra del optimismo no malgasta su energía enfadándose o discutiendo.

Y, por supuesto, tampoco se queja.

Si tienes la tendencia a «negativizar» y entrar en guerra con el mundo, puedes aplicarte la máxima de LO CONTRARIO ES LO CONVENIENTE. Cuando estés muy enfadado, haz exactamente lo contrario de lo que te pide el cuerpo.

- En lugar de gritar, habla con voz calmada.
- En lugar de «cantar las cuarenta», guarda tu opinión para mañana.
- En lugar de criticar, busca un elogio para el otro.
- En lugar de ofenderte, agradece la parte buena del asunto.

Rodearse de amigos (+)

Parece obvio, pero no lo es para todo el mundo: la soledad favorece el pesimismo.

Esto es así porque la persona solitaria dispone de más tiempo para analizar sus problemas, con lo que los agranda, y no tiene interlocutores para compartir sus alegrías, lo cual hace que sean más efímeras.

Es fácil de comprobar: las personas con un excelente tono anímico suelen rodearse de mucha gente con la que intercambian mensajes positivos. De este modo las baterías del optimismo están siempre cargadas.

Es importante, sin embargo, rodearse de personas de signo positivo (+), ya que las del signo opuesto (–) sólo logran contagiarnos su negatividad.

Aunque parezca un ejercicio un poco cruel: haz una lista con las personas que aportan alegría y entusiasmo a tu vida (+) y otra con las que te roban la energía (–). Ten en cuenta esta polaridad a la hora de decidir con quiénes inviertes más tiempo.

Practicar la gratitud

Es una virtud poco prestigiosa, pero es la clave de un estado de ánimo alto, que permite andar por la vida con grandes zancadas, en lugar de hacerlo con pasitos desconfiados o resentidos.

Las personas agradecidas cargan las baterías del optimismo con la conciencia de los bienes recibidos. Con ello activan la ley de la atracción y multiplican los eventos positivos en su vida.

Por la misma ley, quienes enfocan su angustia vital en sus carencias no hacen más que agrandar un vacío que se han ocupado de cavar ellos mismos.

Un buen ejercicio para el optimismo es, por lo tanto, hacer una lista con todas las cosas —pequeñas y grandes— por las que hoy estamos agradecidos. Este acto de gratitud nos ayudará a decantar la balanza hacia el lado soleado de la vida.

Aprender algo nuevo

Para que la vida tenga un sentido, hay que evitar la desagradable sensación de que nos hallamos en el mismo lugar que ayer y que anteayer.

A diferencia de los animales, el ser humano es un ser programado para aprender en todas las etapas de su existencia. Es más: sólo nos sentimos completos y realizados si, al final del día, hemos sumado algo más a nuestro bagaje como personas.

Por lo tanto, la escafandra del optimista la forman también aquellos tesoros que va encontrando en sus exploraciones por los océanos de la vida. Éstos pueden ser:

- Experiencias que han compartido con nosotros personas de nuestro entorno.
- Lecciones que aprendemos de los problemas a los que nos enfrentamos día tras día.
- Una nueva técnica o habilidad que ayer no conocíamos.
- Un poema, una canción, una idea hallada en un libro, la inspiración de un conferenciante.
- ¡Las lecciones espirituales también cuentan!

Pequeñas metas, grandes objetivos

Un secreto para mantener un nivel óptimo de optimismo, valga la redundancia, es dividir un gran objetivo en pequeñas metas que podamos alcanzar cada día.

Imaginemos a una persona cuyo mayor deseo es dominar una lengua extranjera. Si intenta sumergirse en el idioma demasiado rápido, por ejemplo, viendo una película en versión original, puede encontrarse con que no entiende nada de lo que dicen los actores, a no ser que lea los subtítulos.

Resultado: frustración.

Si, en cambio, se marca como pequeña meta diaria aprender una palabra nueva y repasar las de los seis días anteriores, pronto alcanzará un vocabulario mínimo para poder defenderse en una situación cotidiana.

Resultado: satisfacción.

Vivir sin endeudarse

Los créditos de cualquier clase son uno de los principales factores de estrés que pueden hacernos caer en las redes del pesimismo.

Quien vive «de prestado» deja de ser dueño de sus movimientos, puesto que el día 1 de cada mes debe hacer frente, además de a los gastos ordinarios, al pago de una cuota por un lujo que tal vez se dio un año antes.

Si esta persona desea dejar su trabajo para iniciar una formación, por ejemplo, no puede hacerlo porque está atado de pies y manos por las deudas de las tarjetas de crédito y otros préstamos.

Un ejercicio muy sencillo para recobrar el control sobre la propia vida es, a partir de ya, ajustar los gastos al dinero del que se dispone en la cuenta corriente.

El pesimista se endeuda porque piensa que es la única manera de conseguir las cosas.

El optimista controla su dinero y vive contento con lo que tiene.

Volver a la naturaleza

Estar encerrado entre cuatro paredes, o vivir entre los muros de hormigón de la ciudad, nos aparta de nuestra verdadera esencia, y puede derivar en un estado de ánimo pesaroso y apático.

Para alimentar el optimismo necesitamos volver a la naturaleza regularmente, aunque sea por un breve espacio de tiempo en un entorno urbano. Algunas posibilidades:

- Dar un paseo diario por un parque alejado del ruido del tráfico.
- Pasear un perro.
- Interesarse por los nombres de los distintos árboles de la ciudad.
- Observar los cambios que se producen con las estaciones.
- Ver un documental sobre la naturaleza (es la solución menos «natural», pero es mejor que nada).
- Un poco de ejercicio al aire libre libera serotonina —la hormona de la felicidad— y nos permite tomar contacto directo con la vida.

Destacar lo bueno, relativizar lo malo

Ver el vaso medio lleno o medio vacío es una cuestión de perspectiva, al igual que la gravedad de muchos problemas que nos preocupan.

Para calibrar la verdadera importancia de algo que nos ha sucedido, podemos plantearnos la pregunta: ¿tendrá importancia de aquí a un año?

Si la respuesta es sí, vale la pena que nos preocupemos de solucionarlo.

Si la respuesta es no, podemos olvidarnos del problema y pensar en algo más agradable.

El arte de relativizar implica también aumentar el peso de las cosas positivas que nos suceden, al tiempo que restamos valor a las negativas.

Un ejemplo práctico: si hoy el jefe te ha felicitado, tómalo como un hecho trascendente que va a marcar una nueva tónica en tu carrera. Si lo que has recibido es una bronca, tómalo como un accidente puntual.

No analizar

Está comprobado que las personas que andan examinando la vida con lupa son más pesimistas que las que se dedican simplemente a vivirla.

¿A qué es debido?

Quizás a algo tan sencillo como que quienes analizan la vida no tienen tiempo de vivirla con naturalidad. Además, cuando nuestra mirada se posa de forma inquisitiva en algo, lo que vemos acaba deformándose.

Así, si examinamos una discusión sin importancia podemos convertirla en un conflicto gravísimo e irresoluble.

La dificultad que ahora parece pequeña, de aquí a un rato puede parecer un muro infranqueable.

Un breve ataque de tos, si lo analizamos, resulta ser una enfermedad grave que está mostrando sus primeros síntomas.

Contra estas deformaciones que nos amargan el día a día tenemos un antídoto extraído de la sabiduría popular: «si quieres ser feliz como dices, no analices».

Un caso práctico: el método Wolf & Merkle para superar un «No»

Los doctores Doris Wolf y Rolf Merkle afirman en su método *Estrategias para el optimismo* que es posible vivir de manera optimista si uno se entrena adecuadamente. Para ello sugieren llevar a cabo ejercicios de representación visual como el que propusieron a uno de sus clientes, un vendedor de seguros decaído y deprimido tras un período de pocas ventas.

Los siguientes ejercicios sirvieron al *broker* Matthias para aprender a hacer frente a los «No» de los clientes y a superar cancelaciones sin por ello sentirse desanimado o culpable:

1. Cambiar los pensamientos negativos del tipo «Seguro que el siguiente cliente también va a decirme que no», y «Es que soy un mal vendedor» por otros más positivos.
2. Analizar los pensamientos de forma realista, por ejemplo: «Si antes he vendido seguros, ahora puedo hacer lo mismo, pues no depende de mí, sino del mercado. No siempre se puede tener éxito. En el mundo de las aseguradoras existe un porcentaje de ventas».

3. Practicar la visualización de uno mismo en determinada situación antes de llevarla a cabo. Por ejemplo imaginándose delante del teléfono pensando: «Voy a llamar al siguiente cliente. Si no le vendo un seguro no debo preocuparme, pues a mis colegas les pasa lo mismo. Unas veces se vende, otras no. Si no es hoy, será mañana».
4. Escribir el siguiente texto, llevarlo siempre encima y leerlo cuando sea necesario: «Yo determino cómo me encuentro y comporto. Yo tengo el control sobre mí mismo y mi vida. No tengo el control sobre los demás o sobre los acontecimientos, pero decido cómo reacciono ante ellos».
5. Romper con la pasividad, pues las palabras sin actos no sirven de nada. Por lo tanto, es importante demostrar que realmente se tiene el control sobre uno mismo, sobre la vida y la situación.
6. Aumentar la confianza en uno mismo, pues no nos comportamos según nuestras capacidades sino según la idea que tenemos de las mismas. Por ejemplo, si creemos que somos poco inteligentes, nos comportaremos como tales. Nuestra actitud ante nuestras capacidades determina lo que hacemos y conseguiremos en la vida. Por tanto, para ser optimistas es imprescindible superar los propios límites. Decirse a uno mismo: «Soy capaz. Consigo lo que me propongo». Se trata de cambiar el discurso «No puedo» por: «Un momento, lo intento y así tengo la posibilidad de rebatir mi opinión pesimista. Antes de intentarlo no

puedo saber si puedo hacerlo o no. Que una vez no me haya salido bien no significa que siempre sea así. Lo que cuenta es intentarlo».

7. Ser consciente de las propias capacidades. Hay que apuntarlas aunque cueste esfuerzo y añadir nuevas capacidades a la lista a medida que se van descubriendo.
8. Celebrar los avances aunque sean pequeños. Por ejemplo diciéndose a uno mismo: «Lo he hecho muy bien. He dado el primer paso. He avanzado un poco más».

Diez lecciones maestras para vivir con optimismo

Las veinte leyes de la felicidad

1. Cásate con la persona adecuada. Esta decisión determinará el 90 por ciento de tu felicidad o miseria.
2. Trabaja en algo que te guste y sea digno de tu tiempo y talento.
3. Da a la gente más de lo que esperan y hazlo con alegría.
4. Conviértete en la persona más positiva y entusiasta que conoces.
5. Sé indulgente con los demás y contigo mismo.
6. Sé generoso.
7. Ten un corazón agradecido.
8. Persistencia, persistencia, persistencia.
9. Acostúmbrate a ahorrar dinero hasta del salario más modesto.
10. Trata a cada persona que encuentres tal como desearías ser tratado.
11. Comprométete a mejorar constantemente.
12. Entiende que la felicidad no se basa en las posesiones, en el poder o en el prestigio, sino en las relaciones con las personas que amas y respetas.

13. Sé leal.
14. Sé honesto.
15. No esperes a otros para empezar lo que deseas hacer.
16. Toma decisiones aunque eso a veces implique equivocarse.
17. Deja de culpar a los demás. Hazte responsable de cada área de tu vida.
18. Sé audaz y valiente. Cuando mires tu vida en perspectiva, te arrepentirás más de las cosas que no hiciste que de las que sí hiciste.
19. Cuida bien de las personas que amas.
20. No hagas nada de lo que tu madre no estaría orgullosa.

H. Jackson Brown Jr.

El futuro es mejor que el pasado

Soy un optimista.
Siempre he creído que el futuro va a ser mejor que el pasado.
Y también creo tener un papel en ello.
Lo bueno de los seres humanos, yo mismo en particular,
es que podemos cambiar.
Puedo hacerlo mejor.
Si puedo levantarme cada día, y permanecer optimista,
y creer que el futuro es mejor que el pasado,
estas pequeñas cosas pueden ayudarme
a superar un montón de momentos difíciles.

JEFFREY IMMELT

El poder de la persistencia

No hay nada en el mundo que pueda reemplazar
a la persistencia.
El talento no; no hay nada más común
que los hombres con talento sin éxito.
La genialidad no; el genio sin recompensa
es casi un proverbio.
La educación no; el mundo
está lleno de fracasados educados.
La persistencia y la determinación
por sí solas son omnipotentes.

CALVIN COOLIDGE

¿Qué es haber triunfado?

Reír mucho y a menudo;
merecer el respeto de la gente inteligente
y el afecto de los niños;
ganarte la aprobación de los críticos honestos
y soportar la traición de los falsos amigos;
apreciar la belleza;
encontrar lo mejor en los otros;
darte a los demás;
dejar el mundo un poco mejor de lo que lo has encontrado:
sea con un niño sano, con un jardín o con una mejora social;
haber jugado y reído con entusiasmo
y haber cantado con pasión;
saber que alguna vida ha respirado mejor
porque tú has vivido;
eso es haber triunfado.

RALPH WALDO EMERSON

Lejos de los límites

La mayoría de las personas pueden aprender a vivir
en perfecta armonía en los niveles superiores del poder.
Todo el mundo sabe que en cualquiera de esos días
que nos son regalados hay energías durmientes.
En comparación con lo que deberíamos ser,
no estamos ni la mitad de despiertos.
Es evidente que nuestro organismo ha almacenado
reservas de energía que habitualmente no son aprovechadas,
más y más capas de material explosivo,
listo para que lo use cualquier persona
que llegue a suficiente profundidad.
El ser humano vive habitualmente lejos de sus límites.

WILLIAM JAMES

La filosofía de vida

Cada persona, inconscientemente, desarrolla
una filosofía de vida personal,
por la que se guía, se inspira y se corrige
a medida que pasa el tiempo.
Encauzamos nuestros días según esta filosofía,
que nos sirve para exhibir a los demás
la clase de persona que somos.
Lleva poco tiempo comprender
la filosofía de vida de cualquier persona.
La definen la conversación, la mirada
e incluso la postura y el aire de cada uno.
No es posible esconderla.
Es como el perfume de una flor:
no se ve, pero se percibe al instante.
Es la posesión más importante
de las personas que tienen éxito y son felices.
Y puede embellecerse absorbiendo las ideas
y experiencias de las personas de mérito de este mundo.

GEORGE MATTHEW ADAMS

La llave del éxito

Uno de los errores más comunes y destructivos
es pensar que para tener éxito es necesario el ingenio,
gozar de algún tipo de magia que sólo unos pocos poseen.
Lo cierto es que el éxito reside
en mantener el rumbo fijado, fracasar y seguir adelante.
Cuando decides aprender un idioma, estudiar música
o ejercitarte en un deporte,
¿será un éxito o un fracaso?
Eso dependerá de cuánto valor y perseverancia
hay en tu decisión.
La decisión de que nada puede apartarte de tu meta
es lo que te acerca al éxito.

Maltbie Davenport Babcock

Hay un tiempo para todo

Todo tiene su momento oportuno;
hay un tiempo para todo lo que se hace bajo el cielo:
un tiempo para nacer, y un tiempo para morir;
un tiempo para plantar, y un tiempo para cosechar;
un tiempo para matar, y un tiempo para sanar;
un tiempo para destruir, y un tiempo para construir;
un tiempo para llorar, y un tiempo para reír;
un tiempo para lamentarse, y un tiempo para bailar;
un tiempo para esparcir piedras, y un tiempo para recogerlas;
un tiempo para abrazarse, y un tiempo para despedirse;
un tiempo para intentar, y un tiempo para desistir;
un tiempo para guardar, y un tiempo para desechar;
un tiempo para rasgar, y un tiempo para coser;
un tiempo para callar, y un tiempo para hablar;
un tiempo para amar, y un tiempo para odiar;
un tiempo para la guerra, y un tiempo para la paz.

Eclesiastés

Hoja de ruta para la felicidad

1. Camina plácidamente entre el ruido y la prisa, y recuerda que puedes encontrar la paz en el silencio.
2. Hasta donde te sea posible, trata de mantener buenas relaciones con todo el mundo.
3. Di tu verdad serena y claramente y escucha a los demás, incluso al torpe y al aburrido; ellos también tienen su propia verdad.
4. Evita a las personas ruidosas y agresivas, porque son un mal para el espíritu.
5. Si te comparas con los demás, te volverás vanidoso o amargado, porque siempre habrá personas mejores o peores que tú.
6. Disfruta de tus éxitos... lo mismo que de tus planes.
7. Mantén el interés en tu propia carrera, por más humilde que ésta sea, pues es lo único verdadero que posees.
8. Sé cauto en los negocios; porque el mundo está lleno de egoísmo.
9. Pero no permitas que esto te ciegue al punto de no ver que la virtud existe; muchas personas luchan por nobles

ideales y en todas partes la vida está llena de heroísmo.
10. Sé tú mismo, en especial no finjas afecto; no seas cínico en el amor porque a pesar de toda la aridez y el desengaño, es tan perenne como la hierba.
11. Recoge mansamente el consejo de los años, renunciando graciosamente a las cosas de la juventud.
12. Alimenta la fortaleza de tu espíritu para que te proteja contra la adversidad. No te atormentes con tu imaginación; muchos temores nacen de la fatiga y la soledad.
13. Además de una sana disciplina, sé gentil contigo mismo; tú eres una criatura del Universo, no menos que los árboles y las estrellas; tienes derecho a existir.
14. Y aunque esté claro, o no, para ti, no dudes que el Universo marcha como debe ser.
15. Por lo tanto, debes estar en paz con Dios; no importa cuál sea tu idea de Él y cualesquiera que sean tus trabajos y aspiraciones. En la ruidosa confusión de la vida, mantén la paz con tu espíritu.
16. Porque a pesar de toda la hipocresía, del arduo trabajo y de los sueños fallidos, el mundo es todavía un lugar hermoso. Sé alegre; esfuérzate por ser feliz.

Desiderata
(escrito por una monja en 1693)

Oración

Señor, concédenos la gracia
de aceptar con serenidad
las cosas que no pueden cambiarse
y el coraje de cambiar las cosas
que deberíamos cambiar,
así como la sabiduría para distinguir
unas cosas de otras.

Reinhold Niebuhr

Las dos caras:
positivizar lo negativo

1

Cuando te dices:

> «Tengo un problema de difícil solución».

En realidad deberías decirte:

> «Voy a encontrar una solución genial para ese problema».

2

Cuando te dices:

> «Me deprime que...».

En realidad deberías decirte:

> «Este hecho me está enseñando que...».

3

Cuando te dices:

> «He fracasado en...».

En realidad deberías decirte:

> «Estoy aprendiendo a...».

4

Cuando te dices:

> «X es una mala persona».

En realidad deberías decirte:

> «No consigo entender a X,
> pero todo se andará».

5

Cuando te dices:

> «X me ha decepcionado».

En realidad deberías decirte:

> «Mis expectativas sobre X
> estaban equivocadas.
> Ahora lo conozco mejor».

6

Cuando te dices:

> «Me da miedo esta situación».

En realidad deberías decirte:

> «Esta situación me ofrece la oportunidad de hacer algo que nunca antes hice».

7

Cuando te dices:

> «Si hubiera...
> ahora no estaría...».

En realidad deberías decirte:

> «Voy a hacer...
> porque quiero estar...».

8

Cuando te dices:

> «Vamos de mal en peor».

En realidad deberías decirte:

> «La situación ya sólo puede mejorar».

9

Cuando te dices:

> «No ha habido suerte».

En realidad deberías decirte:

> «La próxima vez seguro que funciona».

10

Cuando te dices:

> «Esto ha sido un fracaso».

En realidad deberías decirte:

> «Me hace ilusión empezar de nuevo
> y hacerlo mejor».

11

Cuando te dices:

> «Estoy muy enfadado».

En realidad deberías decirte:

> «Me siento incómodo con la situación,
> pero seguro que tiene algo que enseñarme».

12

Cuando te dices:

> «Me gustaría que...».

En realidad deberías decirte:

> «Voy a hacer todo lo posible para que...».

13

Cuando te dices:

> «Lo dejo por imposible».

En realidad deberías decirte:

> «Voy a cambiar de estrategia».

14

Cuando te dices:

> «Habría que...».

En realidad deberías decirte:

> «Voy a ver qué puedo hacer yo
> para que...».

15

Cuando te dices:

> «X se ha portado mal conmigo».

En realidad deberías decirte:

> «X se siente confundido.
> Voy a ayudarle a ser una persona mejor».

Doce historias de optimistas

Cristóbal Colón:
el mapa imposible

> Encuentra tu felicidad en tu trabajo o nunca serás feliz.

A veces, las empresas que mayores beneficios nos reportan son las que más lejos nos llevan de casa y las que más problemas nos causan, pero eso no significa que no valgan la pena.

Cristóbal Colón nació y creció en tierra de marinos, entre costas y olas, comerciando, luchando y salvando la vida de milagro en más de una ocasión.

El tercero de cinco hermanos de una familia modesta pero bien establecida, fue suya la idea de buscar una nueva ruta hacia las Indias. Donde todos veían dificultades, caminos cerrados por las contiendas y un límite inquebrantable al final de los mares conocidos, Colón vio una oportunidad y una solución a los viajes comerciales marítimos.

Gran aficionado al estudio, este descubridor leyó todos los compendios científicos sobre la faz terrestre que caían en sus manos. A sus oídos había llegado la noticia de que existía tierra más allá de los mares conocidos, lo que al final le haría comprender que la Tierra era redonda.

A pesar de que erró en sus cálculos e imaginó la esfera

terrestre mucho más pequeña de lo que es en realidad, su deseo de aventura y fortuna cambió el mundo tal y como lo conocían en la época.

Pero el viaje de Colón no fue fácil: en su inicio sólo contaba con el apoyo de sus allegados, gran parte de ellos frailes y personajes de la cristiandad que le ayudarían a conseguir su propósito.

A pesar de su empuje y dedicación, allí donde presentaba el proyecto, recibía una negativa: la corte portuguesa, el rey inglés Enrique VIII, la regente de Francia Ana de Beaujeu... Pero Colón era un optimista nato y no se rindió, aunque tuvo que huir de tierras portuguesas por las deudas que le perseguían.

Sus problemas económicos le apartaron de la tierra de su difunta esposa y de sus hijos, pero también le llevaron hasta España, donde gracias a la intervención de su buen amigo fray Juan Pérez consiguió que los reyes Católicos estudiaran su proyecto.

Las deliberaciones duraron años —toda una prueba para la paciencia del marino— y terminaron con su expulsión de tierras españolas. Pero nuevamente Colón no se hundió, sino que volvió a recurrir a su amigo fray Juan. Finalmente, Isabel la Católica decidió apoyarle.

Sin embargo no terminaron aquí sus contratiempos, ya que sólo fueron el principio de su odisea marítima.

Ya contando con tripulación y tres naves, Colón se embarcó en el viaje que llevaba planeando toda su vida. Pero las cuentas le fallaron y se alargó demasiado. Perdió embarcaciones y hombres, y la tripulación estaba a un paso del amotinamiento. Sólo un optimista recalcitrante podía resistir ante tanta adversidad.

Colón sabía que faltaba poco, que les esperaba algo increíble más allá del horizonte, y decidió seguir apostando por su sueño. Finalmente, llegaron a tierra. Primero a San Salvador, después a Cuba y Haití.

Ya en la tierra prometida, uno de sus tripulantes, que era dueño de una de las naves que seguía a flote, abandonó a Colón y éste se vio forzado a volver a España con una sola embarcación.

El viaje fue difícil y tormentoso, y la expedición acabó en Portugal. Juan II, el dirigente portugués, al enterarse del descubrimiento decidió confiscar los tesoros de la nave y hacer portuguesas las tierras conquistadas, dejando a Colón sin triunfo ni gloria. Pero los reyes Católicos, que habían apostado por la aventura de Colón en su momento, no aceptaron la decisión del monarca portugués. Finalmente, el papa Alejandro VI tuvo que intervenir y se firmó el Tratado de Tordesillas.

Cristóbal Colón llegó a España como descubridor, y no sólo fue un gran emprendedor en vida, sino que su nombre perduró en la historia.

Sus aventuras prosiguieron, y las inclemencias de la fortuna continuaron golpeándole, pero él siguió adelante, luchando contra todo aquello que se interpusiera entre él y su horizonte. Un horizonte tan amplio como su optimismo.

LA LECCIÓN DE COLÓN

Ningún sueño está tan lejos
que no merezca la pena perseguirlo.

Thomas Alva Edison:
cómo no quemarse con los fracasos

> Ahora ya sé mil maneras de no hacer una bombilla.

Las personas optimistas son capaces de interpretar los fracasos como oportunidades de superación.

Lo habitual es que, antes de frustrarnos y de abandonar nuestro propósito, lo intentemos un número limitado de veces, pues la falta de resultados positivos hace que el proyecto pierda interés para nosotros.

Pero existen ciertas personas a las que les sucede justo lo contrario: cada fracaso, cada fallo, cada intento… es visto como un paso hacia delante que les acerca a su objetivo. Lo intentan una y otra vez, sabedores de que sólo un detalle les distancia de su meta.

Éstos son los inventores.

El propio Edison repetía a menudo que, en los miles de intentos fallidos que debía superar para crear la bombilla, jamás perdía el ánimo, porque cada error que dejaba atrás era un nuevo paso adelante.

Edison patentó más de un millar de inventos e hizo suya esta frase:

«Hay una cosa peor que los fracasos:
los pocos intentos».

Y de intentos, casi mil doscientos, estuvo plagada una de sus más grandes aportaciones: la luz eléctrica. No escatimó en recursos cuando invirtió tiempo y mucho dinero en probar más de seis mil filamentos, traídos de todo el mundo, con el fin de lograr que no se fundiesen en el interior de una bombilla. Fracaso tras fracaso, cada vez que Edison anunciaba que iba a probar con un filamento nuevo traído de no se sabía dónde generaban mofa. Probó con platino, con carbón y con fibras de todo tipo hasta que topó con la del bambú. Era el año 1879. Aquel filamento aguantó horas incandescente. No se fundió.

Aparte de un gran invento podía ser un gran negocio, y Edison no desaprovechó la oportunidad de comprar grandes cantidades de bambú y montar un taller para fabricar sus propias bombillas.

Años antes de consagrarse como inventor, Edison abandonó su trabajo como telegrafista con el firme propósito de inventar y vivir de sus inventos. Así, en 1868, después de invertir todo lo que tenía en ese proyecto, patentó su primer invento: un contador electrónico de votos que ofreció al Congreso y que fue rechazado por innecesario. En ese momento, un Edison arruinado decidió no inventar más que lo que se necesitase.

Volvió a trabajar a sueldo hasta que le llegó un encargo: construir una impresora de cotización de valores de bolsa. Este invento cambió su vida. Le pagaron 40.000 dólares de la época. Su vida se había encauzado y su economía estaba saneada.

Ya nunca dejaría de inventar. En pocos años abrió una «fábrica de inventos» donde se construían todas las piezas necesarias para desarrollar sus proyectos. De ella salieron el fonógrafo, el dictáfono y cientos y cientos de invenciones. Las numerosas patentes consolidaron una gran fortuna a nombre de este optimista que no se rendía y que sacaba lo positivo de las situaciones adversas, como cuando un devastador fuego destruyó su taller con todo el material que había dentro y con inventos a medio acabar. Al ver la catástrofe afirmó:

«Se han quemado todos nuestros errores.
Gracias a Dios podemos comenzar de nuevo».

LA LECCIÓN DE EDISON

Cada fracaso es un peldaño menos
hacia la cima del éxito.

Mahatma Gandhi:
el triunfo de los débiles

> Si quieres cambiar el mundo, cámbiate a ti mismo.

Mahatma Gandhi nació un 26 de octubre de 1869 en la ciudad costera de Porbandar. Hijo del primer ministro de la ciudad y de una madre que se ocupaba principalmente de la familia, heredó de esta segunda una forma de actuar profundamente religiosa. Esa fe le permitiría lograr conquistas sociales para los suyos que nadie antes habría imaginado.

Gandhi se convirtió en un caso único entre los revolucionarios de todo el mundo, pues influido por León Tolstoi y los jainistas, que promulgaban el pacifismo con todos los seres vivos e incluso con los microbios, el agua, el fuego y el viento, sus principios se basaban en la no violencia.

Fue un mal estudiante, y a los trece años, según la costumbre hindú, contrajo matrimonio con una niña. A los diecinueve años, y ya padre de un hijo, se desplazó a Londres para estudiar y permaneció tres años en la ciudad británica, donde se inició su interés por el cristianismo y sintetizó los preceptos del budismo, el cristianismo, el islamismo y el hinduismo.

Su regreso a la India no fue nada fácil. En 1893, una empresa musulmana le ofreció un puesto en Sudáfrica para atender su factoría comercial en Durban. Allí descubrió hasta qué punto la comunidad hindú vivía subordinada y maltratada por los ingleses, quienes incluso querían retirarles su derecho a voto. Ante esta amenaza, Gandhi organizó la resistencia de sus compatriotas.

La lucha que emprendió en Sudáfrica le serviría de modelo para posteriormente llevarla a su país de origen.

Sin dejar de soñar con un mundo más justo, en 1904 Gandhi cambió su forma de actuar y de vivir: pasó a llevar una existencia austera y basada en la acción no violenta. Instauró nuevos métodos de lucha (las huelgas y las huelgas de hambre), y en sus programas rechazaba la lucha armada y predicaba la no violencia como medio para resistir al dominio británico. Como él mismo defendía:

«No hay camino para la paz, la paz es el camino».

Tras los éxitos conseguidos en Sudáfrica por los derechos de sus conciudadanos, en 1915 llegó a la India como un héroe. Allí dio comienzo una lucha que Gandhi habría de sostener durante toda su vida: la batalla contra las lacras del hinduismo y a favor de los intocables. El primer paso fue admitirlos como miembros de la comunidad.

En 1919 se produjo su entrada en la política y comenzó su campaña no violenta con una huelga general que acabó con una masacre por parte de los ingleses. Su tenacidad y optimismo hacia el futuro convirtió a Gandhi en un líder que acabaría convirtiéndose en el presidente del Congreso Nacional Indio a favor de la Independencia.

Su capacidad para entusiasmar a las masas le permitió organizar campañas de desobediencia civil, desde la negativa masiva a pagar impuestos hasta el boicot a las autoridades, protestas que acabaron llevando al líder a la cárcel.

A partir de entonces abandonó la política y se convirtió en un líder espiritual. Esa es otra capacidad de los optimistas: saber reinventarse para lograr cada vez objetivos más ambiciosos.

El 26 de enero de 1930 se encargó a Gandhi la dirección de la campaña de no violencia para conseguir la independencia de la India, tras una huelga general que había sido un gran éxito. Se había reivindicado no pagar impuestos después de que el gobierno británico nombrara una comisión encargada de reformar la Constitución en la que no había ningún indio.

Para ello Gandhi escogió como objetivo un monopolio de sal que se encontraba a 385 kilómetros y partió hacia él con 79 voluntarios. El día del aniversario de una masacre por parte de los británicos, llegó a orillas del mar y tomó un puñado de sal.

Desde ese momento, la desobediencia civil fue imparable. La noticia de la Marcha de la Sal dio la vuelta al mundo como la mayor revuelta pacífica contra los impuestos a los que estaba sujeto este producto.

Durante la Segunda Guerra Mundial, Gandhi volvió a entrar en la escena política para reclamar la independencia de la India. De nuevo acabó en prisión, de la que salió en 1944.

Una vez conseguida la independencia, Gandhi trató de reformar la sociedad india, apostando por integrar las castas más bajas.

Varias veces en su vida Gandhi recurrió a los ayunos como medio de presión contra el poder, como forma de lucha dramática para detener la violencia o llamar la atención de las masas. La falta de humanidad del sistema de castas, que condenaba a los parias a la absoluta indigencia y ostracismo, hizo que convirtiera la abolición de la intocabilidad en una meta fundamental de sus esfuerzos.

Su optimismo hacia un mundo mejor nunca le abandonó.

LA LECCIÓN DE GANDHI

No hay límites cuando sabemos qué debemos hacer y estamos dispuestos a dar lo mejor de nosotros.

Ernest Shackleton:
la escuela de la adversidad

> Al fin y al cabo, las dificultades sólo son pruebas a superar.

En una época en la que parecía que todos los hombres eran exploradores y no existían lugares nuevos por los que aventurarse, un hombre, Ernest Shackleton, demostró un coraje y una capacidad de liderazgo que salvarían su vida y la de toda su tripulación.

Ernest Shackleton, como muchos hombres de su tiempo, tenía una fijación: la aventura. Deseaba por encima de todo, incluso de su integridad física, hacer algo que nadie más hubiera hecho.

Quiso embarcarse para alcanzar el Polo Sur, pero todas las misiones en las que participaba fracasaban. Nada de eso pudo con su optimismo y su carácter emprendedor. Su heroicidad en los viajes fue tal que incluso le nombraron sir, pero esto no era suficiente para su espíritu, pues anhelaba mucho más.

En 1911 Roald Amundsen le arrebató la gloria llegando primero al Polo Sur. Entonces fue cuando se le ocurrió su gran aventura: una cincuentena de hombres cruzarían el Polo Sur partiendo de extremos opuestos y se intercambiarían la bandera en el centro.

Shackleton partió junto con su parte de la tripulación hacia su meta. Lo que no predijo es que los hielos atraparían el navío y les impediría continuar.

El *Endurance* quedó varado en el hielo sin posibilidad de ser remolcado. Shackleton y su tripulación no arrojaron la toalla. Decidieron hibernar en el barco hasta que la primavera derritiera los hielos y les permitiera romper la prisión blanca que les tenía atrapados.

El tiempo pasó, pero no fueron liberados. Las placas rotas por el deshielo chocaron y agujerearon el casco de la embarcación, obligándoles a abandonarla y a refugiarse en una gran placa de hielo con la esperanza de que les rescataran o ésta llegara a buen puerto.

Su optimismo y su fuerza de voluntad les hizo resistir a pesar de la escasez y el frío, pero la fortuna no parecía dispuesta a ponerse de su parte. Tuvieron que lanzarse a la mar con sus botes salvavidas temiendo lo peor.

Después de siete interminables días remando llegaron a la isla Elefante. Las posibilidades de ser rescatados eran tan escasas que Shackleton apostó por la idea más descabellada: recorrer 700 millas* en un pequeño bote salvavidas junto a cuatro hombres más para buscar ayuda y después rescatar al resto.

La naturaleza no se lo puso fácil. El viento y las olas, de más de 15 metros de altura, a punto estuvieron de mandarlos al fondo del mar junto con toda su heroicidad.

---

* Una milla marina son 1.852 metros, por lo que recorrió unos 1.300 kilómetros.

Cuando llegaron a Georgia del Sur se dieron cuenta de que no era el lado correcto de la isla y que la estación ballenera que buscaban estaba justo en el lado opuesto. Aquellas tierras eran tan inhóspitas que nadie se había atrevido a adentrarse más de un kilómetro, pero Shackleton no podía abandonar a sus hombres, que le esperaban en la isla Elefante, así que echó a correr como alma que lleva el diablo. Treinta y seis horas después, lleno de golpes y arañazos, llegó a la estación pidiendo refuerzos para rescatar al resto de la tripulación.

Shackleton vio sus intentos frustrados. Nadie parecía interesado en echarle una mano o dejarle proseguir. Finalmente, consiguió la autorización por parte del gobierno chileno y, de forma milagrosa, logró rescatar a la totalidad de sus hombres.

Ser un héroe no es sólo poder hacer cosas que nadie haya hecho y arriesgar la vida para destacar, sino luchar contra toda adversidad y ayudar a aquellos que creen en ti y han puesto su futuro en tus manos. Un verdadero héroe es aquel que, a pesar del temor y de que todo se ponga en su contra, se lanza a lo desconocido para salvar a sus compañeros de viaje.

LA LECCIÓN DE SHACKLETON

Por muy difíciles que se pongan las cosas,
quien atesora el combustible de la esperanza
puede llegar a buen puerto.

Helen Keller:
un faro en la oscuridad

> Dirige tu rostro hacia la luz del sol y dejarás de ver las sombras.

Cuando lo normal no existe y la niebla cubre tus sentidos, el mundo no desaparece, sólo cambia, y a veces una mano amiga es lo único que necesitamos para volver a sentir la luz en nuestra piel.

Helen Keller nació sana en el núcleo de una familia sencilla y feliz, pero la enfermedad se lo arrebató todo: la vista, el oído y la alegría.

Era una niña inteligente y activa que luchó en su más tierna infancia por comunicarse con el mundo, pero sus intentos se vieron frustrados y todos esos sentimientos se desbocaron convirtiéndola en un torbellino de rabia y violencia.

Sin embargo, esta historia no tiene sólo una protagonista, sino dos. Cuando Helen contaba seis años, su familia no podía tolerar más aquel comportamiento y no sabía cómo ayudarla, así que solicitó los servicios de una institutriz. Así fue como Anne Sullivan, la maestra y mejor amiga de Helen, aparecería en la vida de la pequeña inyectándole optimismo e ilusión por la vida.

Sullivan ya había sido un ejemplo de fortaleza y arrojo.

Había estudiado y superado su ceguera tras varias intervenciones, y ahora se dedicaba a ayudar a niños que pasaban por lo mismo que ella había tenido que sufrir. Pero ante el caso de Helen tuvo que hacer acopio de toda su valentía y paciencia, pues se encontró con una niña que no comprendía los conceptos, una pequeña que sin vista ni oído debía aprender de cero todo lo necesario para la vida.

Gracias a la autobiografía que mucho más adelante Helen escribiría, podemos saber lo importante que fue la llegada de Anne a su vida, y cómo su dedicación hizo renacer en ella el entusiasmo, la alegría y el optimismo.

Anne empezó enseñándole que cada cosa tenía un nombre y que cada nombre tenía un significado que se aplicaba al mundo. Cuando Helen lo comprendió, no podía dejar de preguntar y de desear aprender, mejorar y superarse.

Sus carencias no fueron suficientes para desanimarla y, gracias a la amistad de Anne y a su incansable tesón, derribó los muros que la enfermedad le había impuesto.

Helen aprendió el lenguaje de los signos; aprendió a leer y a escribir en braille, incluso a hablar varios idiomas. Su determinación fue tal, que en 1904 se graduó con honores en el Radcliffe College y llegó a ser mundialmente famosa. Un ejemplo no sólo para los que sufren alguna carencia sensorial, sino para todo aquel que encuentre dificultades en su camino.

No lo hizo sola, ya que se apoyó en Anne hasta que ésta falleció. Pero la fortaleza y la valentía no suponen enfrentarse al mundo solos, sino ser capaces de aceptar la ayuda que se nos ofrece y saber aprovechar todas las oportunidades que se nos brindan.

Helen Keller demostró que luchar, aunque sea a ciegas, vale la pena.

> **LA LECCIÓN DE HELEN KELLER**
>
> En lo más profundo de nosotros están las herramientas para crecer más allá de nuestros límites.

James A. Lovell, Jack Swigert y Fred Haise: el fracaso exitoso

Houston, tenemos un problema.

Hay veces en que todas las señales nos alertan de que algo va a ocurrir. Momentos en los que, aunque en el pasado todo marchara como la seda, algo nos indica que se avecinan grandes dificultades.

Esto es lo que les ocurrió en 1970 a los astronautas que viajaban en el *Apolo XIII*. Todo se volvió en su contra. Aun así, se aferraron a la vida con uñas y dientes, y su lucha y optimismo es recordado aún hoy, pues vencieron a la mayor crisis espacial de toda la historia.

Cuando la misión del *Apolo XIII* se llevó a cabo, el mundo parecía haber dado la espalda a las expediciones lunares. Ya no eran noticia. Había otros asuntos más importantes por aquel entonces, y no era relevante que unos hombres fueran a recoger rocas a la superficie lunar, como ya lo habían hecho antes otros dos equipos.

James A. Lovell, Jack Swigert y Fred Haise subieron al *Apolo XIII* a las 13.13h del día 12 de abril, y como si hubiera quedado marcado por el número de la mala suerte, al día siguiente, el 13 de abril, empezaron los problemas.

Los astronautas de la nave espacial pronto quedarían a la deriva en un mar negro y gélido.

Una explosión deshabilitó el módulo preparado para su supervivencia y tuvieron que refugiarse en el que estaba ideado como medio de transporte. Casi sin energía, tuvieron que reducir el consumo al mínimo y apagar todo aquello no indispensable, arriesgándose a enfermar por la falta de agua y el exceso de CO_2, puesto que el habitáculo estaba preparado sólo para dos pasajeros, no para tres.

Por si esto fuera poco, la ruta del *Apolo XIII* era diferente a la recorrida por sus antecesores; había sido trazada para que su órbita no volviera a la Tierra. Los navegantes, a pesar del cansancio producido por las privaciones, el frío y la falta de descanso, tuvieron que ingeniárselas para poder devolver el módulo a una ruta segura que les condujera directos al océano Índico.

Pero los problemas se multiplicaban. Un nuevo estallido les dejó sin parte de los suministros restantes, el CO_2 se acumulaba hasta niveles críticos y, aunque llegasen a la Tierra, no habría ningún barco que pudiera recogerles de las aguas.

Podrían haber desistido, pero no lo hicieron. Sus mentes estaban agotadas, envenenadas por el dióxido de carbono y sus toxinas, pero aun así vieron la salida. Gracias a los materiales que transportaban en la nave pudieron eliminar el veneno que respiraban.

En la Tierra, todo el mundo había vuelto sus ojos hacia aquellos pobres náufragos del espacio que vagaban buscando el camino de retorno a casa.

Gracias a la ayuda de los científicos que se unieron para

ayudar a la NASA, los tres astronautas fueron capaces de redirigir el módulo hacia el océano Pacífico, donde les esperaba un barco de rescate.

Exhaustos, fijaron el nuevo rumbo, pero el ángulo de entrada a la Tierra no era el adecuado y la nave corría el riesgo de rebotar en la atmósfera, enviándolos de nuevo y para siempre al espacio exterior. Sabían que si volvían a utilizar los propulsores perderían la poca energía que les mantenía con vida. Además, tenían que conseguir el impulso adecuado para que el módulo se adentrara en la atmósfera sin congelar una parte e incendiar la otra.

Se les acababan las posibilidades y el tiempo. Sabían que podía ocurrir lo peor, pero se arriesgaron. Su optimismo hizo que lo apostaran todo por la vida.

Fueron los cuatro minutos de silencio más largos y tensos de la historia espacial. Todas las señales de radio que pudieran entorpecer las de los astronautas habían sido silenciadas, pero a pesar de eso no recibían respuesta. Sus peores temores se estaban confirmando, cuando los paracaídas blancos aparecieron en el cielo junto a sus hombrecitos naranjas. Los submarinistas los recogieron del océano.

Felices, exultantes, y apenas dañados por la aventura, los tres valientes habían vuelto al hogar. La NASA habló de un fracaso exitoso.

> **LA LECCIÓN DE LOS ASTRONAUTAS DEL *APOLO XIII***
>
> Nunca abandones:
> cuando todo parece perdido,
> todavía queda una oportunidad.

Ingvar Kamprad:
cómo rediseñar millones de vidas

> Nuestra idea siempre fue servir a todo el mundo, incluidos quienes tienen poco dinero.

Austeridad, ahorro y sentido común son los conceptos que impulsaron a Ingvar Kamprad a crear su negocio e impulsarlo hasta lo más alto, llegando a convertirse en uno de los hombres más ricos del mundo.

Empezó su aventura vendiendo objetos pequeños (bolígrafos, billeteros, medias…) que compraba al por mayor a precios reducidos y distribuía entre los granjeros de la zona, en su Suecia natal. A los diecisiete años invirtió una paga que le dio su padre en expandir su pequeño negocio, que bautizó como IKEA (I por su nombre, K por su apellido, E por la granja donde nació y A por su pueblo de origen). Pasó de repartir su mercancía con una bicicleta a hacerlo con un viejo camión. Entonces se le ocurrió la idea de elaborar un pequeño catálogo que recogiese todos sus artículos.

Los granjeros le encargaban mesas y sillas, y así fue como Ingvar se introdujo en el sector del mueble. Compraba a fabricantes locales y distribuía él mismo, ampliando cada vez más su negocio.

De manera casi fortuita, al transportar una de sus mesas, uno de sus colaboradores decidió quitarle las patas para que entrase en el coche. Esto abrió un nuevo concepto en la venta y almacenaje de muebles, y acabó derivando en el «móntaselo usted mismo». Este tipo de mueble desmontado, a precio reducido, se expandiría muy pronto por todo el mundo.

En 1953, Kamprad organizó la primera exposición de productos IKEA. El éxito de su iniciativa fue tan notable que el gremio de vendedores de muebles de Suecia comenzó a presionar a los fabricantes para que dejaran de suministrar productos a IKEA; la empresa llegó a ser excluida de las ferias nacionales más importantes del sector.

Este clima de hostilidad, lejos de apartarle del sector, contribuyó a que tomara una serie de decisiones que marcarían el futuro de lo que hoy es el grupo IKEA: diseñar y fabricar sus propios muebles y salir al exterior, tanto para comprar materias primas (principalmente en países asiáticos), como para inaugurar nuevos puntos de venta fuera de Suecia.

Actualmente IKEA está presente en 33 países, tiene 75.000 empleados y factura más de 14 millones de euros. Sus catálogos se imprimen en nueve idiomas y su tirada es de 45 millones de unidades. En 1986 Kamprad dejó la dirección de la compañía y la delegó en sus hijos. Él asumió el cargo de asesor.

Según la revista *Forbes*, es el séptimo hombre más rico del mundo y el más rico de Europa, con 21.000 millones de euros. Pese a su fortuna, su estilo de vida es sencillo y austero; incluso utiliza el transporte público. No le gustan los lujos y valora la humildad. Esta forma de ser ha llevado a algunos a considerarlo un tacaño. Él se defiende así:

> «Dicen que soy tacaño pero estoy orgulloso
> de seguir la política del grupo».

Además de austeridad, sencillez y sentido común, Ingvar Kamprad utilizó toneladas de optimismo para montar su negocio.

Buscó una oportunidad de negocio. Hizo algo distinto. Apostó por algo que todavía no había hecho nadie: muebles baratos que se vendían desmontados.

No se derrumbó ante los primeros fracasos. A pesar de que su empresa fue excluida de las ferias nacionales del sector del mueble, y de que dejaron de suministrarle materias primas en Suecia, buscó una alternativa: diseñar, producir y vender fuera de su país.

LA LECCIÓN DE IKEA

Si apuestas por una idea propia
y mantienes tu propio rumbo,
lograrás sortear las dificultades.

Richard Branson:
de las campanas tubulares a la luna

> Las oportunidades de negocio son como los autobuses, siempre llegará otro al que puedas subirte.

Richard Branson es uno de los emprendedores optimistas más inclasificables. Nació en el seno de una familia británica de clase media en el año 1950. De su madre, una azafata de vuelo que también pilotaba aviones sin motor, heredó la valentía y el entusiasmo.

Aunque no destacó en los estudios, en 1968 impulsó la revista para estudiantes *Student*, donde se publicaron interesantes entrevistas y colaboraron grandes personalidades como Mike Jagger y John Lennon. Este último incluso le prometió componer una canción que se regalaría en un disco flexible en una de las ediciones de *Student*.

Influido por su padre, ex oficial de caballería y abogado, Branson, con tan sólo dieciocho años y al ver que el cantante no entregaba la composición prometida, le amenazó con presentar una querella por incumplimiento de palabra. Finalmente consiguió que Lennon y Yoko Ono le ofrecieran un tema musical basado en los latidos del corazón de su hijo recién nacido que acababa de morir. ¡Todo un hito para una revista tan modesta!

En 1970 empezó a vender discos a través de pedidos por correo. Compraba discos descatalogados y saldos, y los vendía en Londres utilizando el maletero de su coche como punto de venta.

A los veintitrés años Richard Branson ya tenía una cadena de tiendas de discos llamada Virgin Records. La había iniciado anunciando en las últimas páginas de su revista la venta de discos por correo. Rápidamente dispuso también de un estudio de grabación y de un pequeño sello discográfico. El primer artista al que editó fue Mike Oldfield con su exitoso *Tubular Bells*, que generó muchos millones gracias a los cuales se lanzó a nuevas aventuras. Virgin Records se convertiría en las Virgin Megastores, que han funcionado con éxito hasta la crisis del soporte discográfico.

El 25 de septiembre de 2004 Branson anunció el acuerdo para crear una nueva empresa, Virgin Galactic, que permitiría hacer viajes al espacio. Su ambición no tenía límites.

Prueba de que su optimismo tampoco los tiene, entre sus últimas iniciativas se encuentra Virgin Unite, una organización de beneficencia que se encarga de resolver problemas de alcance mundial. Ya en su juventud, además de la revista, Branson creó un grupo de apoyo para estudiantes que tenían problemas y pedían consejo, el Student Advisory Centre, pues estaba convencido de que si una persona hace dinero con un negocio, es justo llevar a cabo iniciativas que devuelvan parte de los beneficios a la sociedad.

Una de las últimas hazañas de Branson ha sido ofrecer un premio millonario a quien diseñe un proyecto para salvar el planeta. Este premio está dotado con 25 millones de dólares y lo recibirá quien idee la fórmula para eliminar los gases de efecto invernadero de la atmósfera. Escoltado por Al Gore y otros defensores del medio ambiente, Branson ha animado a los «cerebros más brillantes del mundo» a idear un mecanismo que elimine el equivalente a 1.000 millones de toneladas de carbono al año. Para ello, además del beneficio económico ha anunciado a los ganadores que «Tendréis la satisfacción de salvar miles de especies... y posiblemente a la misma humanidad».

El éxito de Richard Branson se debe sin duda a su forma de actuar. Su original visión de los negocios le ha llevado a fracasar y triunfar sin perder nunca su inconfundible actitud alegre y optimista. Se puede decir que su éxito se basa en los siguientes principios:

1. Antes de transformar algo en un negocio, se debe conocer bien el mercado al que se dirige. Uno debe disfrutar y sobre todo sentirse orgulloso de su nueva empresa. La rentabilidad será consecuencia de ello. Al principio de un negocio se trata de «sobrevivir», conseguir fondos para poder pagar facturas. El éxito ya vendrá. Ser emprendedor es amar el riesgo, es asumir que las cosas saldrán mal, es saber que posiblemente te arruines una o varias veces en el camino.

2. «Business is life», la vida no puede separarse de tu negocio. Todo es uno.

3. Una buena relación con el cliente es fundamental, antes que el negocio. Sólo sobreviven aquellas empresas que tratan bien a sus clientes. Las empresas que cui-

dan a la gente son las que obtienen buenos resultados. El contacto con el cliente es fundamental.
4. Una marca es buena si los clientes tienen buenas experiencias usándola.
5. Hay que cuidar a los empleados, lograr que trabajen a gusto. Branson contesta a diario 50 cartas de empleados. Delegar es fundamental cuando el negocio crece.

LA LECCIÓN DE BRANSON

Todo es posible si crees que es posible.

Steve Jobs:
la manzana del éxito

> La innovación es lo que distingue al líder del seguidor.

Además de ser un optimista, Steve Jobs podría considerarse un ave Fénix. A lo largo de su vida ha resurgido de sus cenizas en varias ocasiones. Y siempre lo ha hecho con ilusiones renovadas.

Afirma que podemos sacar provecho de todo lo que nos sucede en la vida. Una experiencia negativa hoy puede ser el inicio de algo positivo en un futuro.

> «Hay que confiar en algo; en tu instinto, tu destino, tu vida, tu karma, lo que sea.»

El creador de Apple fue un hijo no deseado de una madre soltera. La cosa no empezaba bien para Steve. Pero esto le dio la oportunidad de criarse con unos padres humildes y trabajadores de los que se siente muy orgulloso.

Los sacrificios económicos de su familia le permitieron ir a la universidad. Su etapa de estudiante universitario no pasó de los seis meses. Se sentía perdido y desorientado.

«Decidí retirarme y confiar en que todo iba a salir bien.»

¿Qué sería de su vida? ¿A qué podría aspirar?

«Fue bastante aterrador en ese momento», reconoce, «pero mirando hacia atrás fue una de las mejores decisiones que tomé». Steve decidió que hasta que supiera qué quería hacer, continuaría asistiendo como oyente a las clases que más le interesaran. Una fue caligrafía.

¿Y eso para qué le serviría?

Hubieron de transcurrir diez años hasta que Steve pudiera aplicar sus conocimientos caligráficos al diseñar el primer ordenador Macintosh. De no ser por su interés por aquellas clases, «es probable que ningún ordenador personal tuviese esa maravillosa tipografía», asegura.

A los veinte años centró su vida en una pasión: la creación de Apple. Con un amigo, Woz, empezaron a trabajar en el garaje familiar de Steve.

Trabajaron muy duro y la empresa creció hasta cotas insospechadas. Entró en bolsa y dejó de ser un negocio de dos amigos. Tenía más de 4.000 empleados, accionistas, un consejo de administración… Su volumen era tan grande que Steve decidió contratar a un amigo economista para que le ayudara a dirigir la compañía.

Cuando Steve cumplió treinta años, las ventas de Apple no alcanzaron las previsiones iniciales y decidió retomar el control de la compañía en detrimento de su amigo economista. Pero éste, con el apoyo del consejo de administración, le retiró todo su apoyo y Steve tuvo que abandonar la compañía que él mismo había creado.

«Había desaparecido aquello que había sido el centro de toda mi vida adulta; fue devastador.» Aunque como más tarde él mismo reconocería: «Fue una amarga medicina, pero creo que el paciente la necesitaba».

«En ocasiones la vida te golpea
con un ladrillo en la cabeza.»

Esto le permitió crecer y centrarse en un nuevo trabajo que le ilusionase. Lejos de hundirse por ello, se sintió libre para empezar de nuevo, para renovar su ilusión y amor por lo que hacía. No tenía otra solución: «Decidí comenzar de nuevo». Y como fruto, creó otra empresa, NeXT, con el propósito de hacer mejores ordenadores que Apple.

Al cabo de ocho años tuvo que abandonar el proyecto y centrarse en el software. Impulsó entonces otra compañía, Pixar, que dio a luz la primera película animada por ordenador: *Toy Story*. Pixar se convirtió en una compañía de gran éxito, todo un referente en el mundo de la animación.

Mientras tanto, su antiguo proyecto, Apple, sufría por la falta de un software moderno que lo hiciera más competitivo respecto a Windows. La compañía decidió abrir a concurso la creación de un nuevo software.

Paradójicamente, Steve ganó el concurso con su compañía NeXT y regresó a Apple, donde su objetivo fue alcanzar el control, nuevamente, de la compañía. Finalmente lo logró.

Su vida sufrió otro revés cuando le diagnosticaron una gravísima enfermedad que no le permitiría vivir más de seis meses. Todo parecía haber llegado a su fin para Steve. Esa misma tarde lo sometieron a una biopsia que abrió nuevas esperanzas. Fue operado y alargó su vida, aunque finalmente sucumbió a la enfermedad en octubre de 2011.

> «Recordar que moriré pronto constituye la herramienta más importante que he encontrado para tomar las grandes decisiones de mi existencia.»

En el discurso de graduación para jóvenes universitarios Steve afirmó: «Estoy convencido de que nada de esto habría sucedido si no me hubiesen despedido de Apple. (…) No perdáis la fe. (…) El trabajo va a llenar gran parte de vuestras vidas y la única manera de sentirse realmente satisfecho es hacer aquello que creéis que es un gran trabajo. Y la única forma de hacer un gran trabajo es amando lo que hacéis. Si todavía no lo habéis encontrado, seguid buscando. No os detengáis. (…) Tened el valor de seguir vuestro corazón e intuición, que de alguna manera ya saben lo que realmente queréis llegar a ser. Todo lo demás es secundario».

LA LECCIÓN DE STEVE JOBS

La vida es una aventura en la que cada uno decide su grado de implicación.

Jeff Bezos:
la mayor tienda del mundo

Lo único peligroso es no evolucionar.

Hay personas capaces de anticiparse al resto de los mortales, de percibir los cambios mucho antes que los demás. Su visión es tan clara que se sienten obligados a actuar, aun a riesgo de parecer temerarios o incluso estúpidos. Son personas optimistas, que creen en ellos y siguen su intuición.

Jeffrey Preston Bezos tuvo esa experiencia cuando se asomó por primera vez a esa gran selva inexplorada que era Internet y se dio cuenta de las posibilidades comerciales que podía llegar a tener el mundo virtual. No fue el único.

Pierre Omidyar, fundador de eBay, la casa de subastas en Internet, también supo reconocer esa oportunidad de mercado. Sin embargo, el negocio de Bezos, Amazon.com, era tan atractivo que se convirtió en el punto de referencia para cualquiera que quisiera vender productos en la gran red. Todo el mundo quería hacerlo. Después del éxito, Bezos solía decir con cierta ironía:

«Si me dieran una moneda de cinco centavos
por cada inversor que no creyó en mi idea,
me habría hecho igualmente rico».

Bezos estudió ingeniería eléctrica e informática. En 1994 dejó su trabajo en Wall Street y se trasladó a Seattle, donde fundó Cadabra.com, una librería online con más de 200.000 títulos.

Tiempo después la bautizó como Amazon, por el río Amazonas.

En ese momento los listados de Internet aparecían ordenados alfabéticamente, así que con ese nombre se aseguraba que apareciese entre los primeros. ¡Una idea buena y sencilla!

Si en 1996 Amazon tenía 2.000 visitantes al día, un año después éstos se multiplicaron por 25. En mayo de 1997, Amazon.com salió en bolsa con el símbolo AMZN; y en diciembre de 1999, la revista *Time Magazine* nombraba a Jeff Bezos «Personaje del Año».

En la actualidad, Amazon.com está totalmente diversificada en diferentes líneas de productos: DVD, CD de música, software, videojuegos, electrónica, ropa, muebles, comida, libros, etc. Al igual que Google o Microsoft, ha absorbido numerosas empresas como: Audible (audiolibros), BookSurge (libros de baja demanda), Mobipocket (crea ebooks y dispositivos para libros electrónicos) o Fabric.com (una empresa de costura). Además, ha lanzado sus propios productos como el AmazonKindle, que sirve para leer libros electrónicos.

Bezos avanzó un paso en la evolución del comercio reemplazando las tiendas convencionales por un gran sistema centralizado de ventas. Mientras los primeros debían gastar millones en la construcción de tiendas para atraer a sus clientes, Bezos podía ampliar su clientela sin apenas costos adicionales.

Pero Amazon es más que una tienda, pues permite a los lectores expresar sus opiniones e intercambiar anécdotas. Y si esto es un indicio de un mundo electrónico todavía por llegar, un lugar donde la tecnología nos permitirá comprar, comunicar y reducir las distancias, entonces Jeff Bezos ha hecho mucho más que construir una tienda en Internet: ha contribuido a poner los cimientos de nuestro futuro.

A pesar de que Amazon estuvo durante años en números rojos, hoy día ha logrado superar sus pérdidas y sigue más viva y competitiva que nunca. El propio Jeff Bezos lo resumió así:

«Nuestra predisposición a ser incomprendidos, nuestra orientación a largo plazo y nuestra tolerancia a fallar de manera reiterada son las tres partes de nuestra cultura que hacen posible que hagamos las cosas que hacemos».

LA LECCIÓN DE BEZOS

Las cosas no siempre salen a la primera,
pero el primero en sembrar recogerá antes el fruto.

J. K. Rowling:
cómo vivir del cuento

> Lo que llamamos «destino» es el nombre que damos a nuestras decisiones y sus consecuencias.

¿Quién dice que los sueños no pueden cumplirse?

Una niña que viajaba con sus padres en busca de trabajo de un lado para otro decidió que quería dedicarse a explicar historias, y esto la llevó a caer en el abismo más hondo, en una pobreza de la que salió de repente catapultada.

Joanne Rowling, la autora de la saga del famoso niño mago Harry Potter, podría haberse dado por vencida ante todas las dificultades que la vida le tenía preparadas, pero en lugar de eso decidió ver los beneficios del fracaso.

Ya en su infancia, la pequeña Joanne utilizó su imaginación para crear personajes variopintos y almacenar en su memoria apellidos, nombres y personalidades que más adelante construirían un mundo que ahora invita a leer a millones de jóvenes y adultos.

La joven Rowling estudió francés con la intención de ser secretaria, pero su ambición crecía y no le permitía aceptar el mundo tal y como se le presentaba. No podía renunciar, como sus padres habrían querido, al sueño que la ilusionaba desde la infancia. Joanne no pensaba en la pobreza, un miedo que perseguía a su familia, sino en el fracaso.

Arrastrando la frustración de no ser capaz de adaptarse a los horarios y convenciones de una vida de secretaria, decidió trasladarse al extranjero para ejercer como profesora de su idioma materno.

Viajó a Lisboa y allí se dedicó a enseñar inglés, cosa que le dejaba suficiente tiempo libre para dedicarse a su vocación: escribir.

En aquella época Joanne conoció a su primer marido, del cual se divorció poco después de tener a su primer hijo. Fue entonces cuando la mala fortuna llamó a su puerta.

Con una criatura a la que cuidar y sola en un país extraño, se vio atrapada en una situación de la que no sabía cómo escapar. Esto le hizo regresar a Gran Bretaña y mudarse cerca de su hermana pequeña.

Joanne cayó de bruces, pero en lugar de revolcarse por el fango y cerrar las puertas que la habían conducido hasta aquella situación, decidió continuar avanzando. El fracaso le hizo ver más allá, y a expensas de los pocos ingresos que obtuvo de una beca, decidió volcar en su vieja máquina de escribir la historia de un mundo mágico que se le había ocurrido durante un largo viaje en tren.

Con la única compañía de un café, Joanne pasaba el tiempo escribiendo en los bares, intentando calentarse en las frías tardes de invierno de Escocia. El trabajo fue arduo y no veía el fin de aquella situación. Finalmente, hizo dos copias mecanografiadas de su manuscrito y lo llevó a todas las editoriales que pudo.

Nadie prestó atención a aquella desconocida. Sólo un representante y buen amigo creyó en ella, y tras encajar todas las negativas llegó la gran noticia: le habían comprado los derechos de su primera obra.

Al principio Joanne no supo enfrentarse al cataclismo que se desató en torno a ella. Pasó de malvivir en una pensión y de sufrir por el futuro de su hija a manejar cantidades de dinero inimaginables. La gente empezó a reconocerla por la calle y dejó de escribir en los bares.

El estrés causado por el cambio fue tal que la llama pareció apagarse.

Pero un sueño es como el fuego de una chimenea, y a veces sólo es necesario soplar un poco para que se aviven las llamas. La ilusión de los niños fue su fuente de energía para continuar. La extrañeza se convirtió en confianza y, como ella misma dijo en una ocasión, utilizando las mismas palabras del filósofo griego Plutarco:

«Lo que logramos en nuestro interior
es capaz de cambiar el exterior».

A pesar de su fama, Joanne Rowling continúa persiguiendo página a página sus sueños, disfrutando de un discreto estilo de vida, escribiendo junto a una taza de café.

LA LECCIÓN DE J. K. ROWLING

Todos los sueños parecen imposibles
hasta que se hacen realidad.

Barack Obama:
sí, podemos

> Cuando te hallas en la senda correcta y estás dispuesto a seguir caminando, el paso adelante llega antes o después.

¿Cuál es el perfil del triunfador? Todo depende del momento histórico en el que te haya tocado vivir. En un momento de la historia se valoran unas aptitudes y, en otro, lo importante es justo lo que antes rehusábamos. Saber interpretar lo que la sociedad anhela y darle la esperanza de que algo es posible y de que conoces el camino a seguir te sitúa como referente.

En la sociedad actual los referentes están muy desvirtuados. Los mensajes sociales, para que tengan efecto, deben anunciarlos futbolistas atractivos y cotizados, reconocidas estrellas de cine, sofisticadas modelos, etc. Gente guapa y triunfadora. Los políticos no gozan de la confianza de las masas. No saben ser cercanos y transmitir ilusión por los proyectos.

Ilusión es lo que tuvo un político mulato de padre keniata en Norteamérica hacia el año 2007. Decidió que era posible, que podía ser el próximo presidente de Estados Unidos. Era un total desconocido en los círculos de poder. Sin lazos familiares con personas influyentes, algo muy valorado en la vida política norteamericana, y con unos orígenes humildes, este personaje se obstinó en llegar a la Casa Blanca.

Su nombre tampoco parecía elegido para ser un icono en Estados Unidos: Barack Hussein Obama, ¿Hussein? Sus rivales políticos ya tenían carnaza. Sacaron a la palestra desde que su educación estuvo bajo la doctrina del Corán en sus primeros años escolares, cuando vivió en Indonesia, hasta que en la actualidad mantiene contacto con el mundo musulmán a través de un hermanastro practicante por parte de padre, militante de la causa negra.

¿Un presidente de Estados Unidos puede tener un hermanastro musulmán practicante y militante de la causa negra?

Si hay algo que diferencia a este político de sus predecesores es la sinceridad. Él mismo reconoce su relación con el mundo radical negro en su juventud, su vinculación con profesores de izquierdas (tan perseguidos en la etapa anticomunista del país) y con grupos feministas, etc. Reconoce su búsqueda de identidad como un joven que quería arraigarse en un grupo social. No se sentía integrado. Era un joven que no vivía con sus padres, sino con sus abuelos, que eran blancos.

Pronto quedó huérfano de padre. Los negros lo rechazaban por su color de piel; aunque no es blanco no lo reconocían como uno de ellos. «Tenía que demostrar de qué parte estaba», recordó en uno de sus libros.

Reconoció haber coqueteado de joven con el alcohol y las drogas. No escurrió el bulto. Optimista sobre su futuro, se mostró tal como era. Recordemos que Bill Clinton, cuando fue acusado de haber consumido marihuana en su juventud, confesó haberla fumado pero sin tragarse el humo.

Su primera rival política pertenecía a su propio partido, Hillary Clinton, popular ex primera dama. Los ataques personales entre rivales de un mismo partido para competir contra el candidato republicano fueron muy duros. La precandidata demócrata parecía además gozar del apoyo de colectivos de mujeres y de hispanos que no veían con buenos ojos al candidato negro e incluso de colectivos negros que no veían en Obama a un verdadero negro, ya que sus discursos carecían de victimismo racial.

La carrera hacia la Casa Blanca parecía tener numerosos y previsibles obstáculos para alguien con ese perfil. Era fácil promover la duda dentro del propio sector demócrata, ya que elegir un representante con esas características aumentaba considerablemente la ventaja del rival republicano y héroe de guerra John McCain. Y eso hizo la todavía rival Hillary Clinton.

Pero Obama suplía sus dificultades y su poca experiencia con discursos alentadores, con palabras llenas de optimismo, con ilusión. Las cosas «debían cambiar».

«Es hora de pasar página, aquí mismo y ahora mismo.»

Con su «Sí, podemos» se desató una verdadera obamamanía en una etapa de recesión económica mundial. Hillary Clinton acabó por darle su apoyo tras perder las elecciones internas del partido. La lucha se centró entonces contra el partido republicano.

Su discurso político se basó en criticar la «precipitación» y «estupidez» de la intervención militar en el extranjero de su país, concretamente en Irak. Vaticinó las consecuencias de la ocupación militar como único recurso para solucionar problemas («avivar las llamas de Oriente Próximo y estimular lo peor, más que lo mejor, del mundo árabe, así como fortalecer el aparato de reclutamiento de Al Qaeda»).

Fue un discurso valiente en una nación tan patriota y militarizada. La crítica al gobierno republicano fue durísima y la obamamanía pareció ya no tener límite. Habló de los costes de vidas humanas que conlleva una política de no diálogo. Introdujo una inquietud contemporánea: la preocupación por el cambio climático; hay que hacer las cosas de otra manera o al final los efectos serán irreversibles. Denunció que el gobierno republicano no luchaba contra la pobreza en su propia nación ni buscaba establecer un sistema universal de salud para el pueblo estadounidense.

En definitiva, sedujo a millones de compatriotas con una política de cambio, esfuerzo y optimismo. Sobre todo optimismo.

Ciudadanos y dirigentes políticos de otros países vieron en Obama la esperanza de que otra forma de aplicar la política era posible. Con Obama, muchos ciudadanos del mundo albergaron la ilusión de que «ahora es posible».

Cuando un panorama es demoledor, las personas pueden optar por una opción radical (fanatismos, ultraderechismos, superproteccionismo, etc.) o por una opción de esperanza.

Un hombre con orígenes africanos se postuló como esa esperanza para dirigir la nación más influyente del mundo. Muchos de los que creen en un mundo mejor han hecho suyo el «Sí, podemos».

> **LA LECCIÓN DE OBAMA**
>
> Si no renuncias a imaginar y proponer una vida mejor, tendrás la vida que mereces.

Los amigos del optimismo

Cocina optimista

La falta de alegría y confianza en uno mismo puede deberse a un desequilibrio alimenticio, según aseguran expertos nutricionistas. Por eso es fundamental comer bien, pues la alimentación está muy ligada al tono energético que acaba incidiendo en nuestro estado de ánimo, es decir, en las baterías que nutren nuestro optimismo.

Antes que nada es importante reflexionar sobre nosotros mismos, sobre nuestras necesidades y nuestra forma de alimentarnos. Si una persona se nutre mal y de manera compulsiva, debería preguntarse por el origen de la ansiedad que provoca esta conducta perjudicial.

Según los gurús de la cocina energética y natural, una alimentación sana se basa en estos tres principios:

1. Consumir productos biológicos.
2. Primar los productos integrales.
3. Elegir alimentos autóctonos.

Muy resumidamente, para un funcionamiento saludable y armónico nuestro cuerpo necesita:

- **Carbohidratos**: Aportan energía al organismo.
- **Proteínas, vitaminas y fibras**: Ayudan al buen funcionamiento del cuerpo.
- **Minerales**: Regulan el PH de la sangre, el sistema nervioso, los músculos y los huesos.
- **Fermentados**: Regeneran la flora intestinal y se ocupan de que los alimentos se absorban bien.
- **Aceite y grasas**: Regulan la temperatura corporal.

Montse Bradford, graduada como profesora de cocina, pero también terapeuta emocional y de psicología transpersonal, propone en su libro *La nueva cocina energética*[1] cambiar nuestros hábitos alimentarios en dos pasos:

Primer paso:

- Come cuando tengas hambre, bebe sólo cuando tengas sed.
- Modera el consumo de carnes rojas.
- Introduce en tu dieta el pescado.
- Reduce el consumo de productos lácteos y de grasas saturadas.
- Incluye en tu comida ensalada y/o verdura.

---

1. Publicado en español por Editorial Océano.

- Reduce el consumo de productos congelados, en lata o precocinados.
- Come alimentos frescos.
- Sustituye algunos alimentos por otros (sal blanca por sal marina, grasas animales por aceites vegetales, etc.).

Segundo paso:

- Disminuye el consumo de azúcar: endulzantes artificiales, azúcar blanco, chocolate, pastelería, bollería, etc.
- Reduce el consumo de alcohol y estimulantes.
- Incrementa el consumo de bebidas más naturales.
- Consume fruta fresca.
- Aumenta el consumo de verduras y ensaladas (con aliños naturales).
- Incrementa el consumo de proteínas vegetales.
- Consume verduras y frutas locales y de temporada.

Endorfinas:
el combustible del optimismo

Una actitud optimista puede ser tan eficaz como los fármacos para superar momentos de tristeza o episodios de depresión leve. Cuando nos sentimos alegres, el cuerpo segrega endorfinas, una droga natural que genera nuestro organismo y que nos provoca un estado de bienestar con efectos tranquilizantes y analgésicos.

¿Qué son las endorfinas?

Son hormonas generadas por nuestro propio organismo con efectos similares a los opiáceos. Viene a ser un tipo de morfina que nosotros mismos creamos para sentirnos bien.

Son conocidas como las hormonas de la felicidad, ya que provocan sensaciones placenteras, anulando el malestar y disminuyendo el dolor.

Se encuentran en el cuerpo calloso del cerebro, donde se localiza la mayor parte de las emociones intensas tales como el miedo, la ira, el amor y la depresión, y en el tálamo medio, que transmite al cerebro los impulsos de dolor que se generan en el cuerpo.

Estos neuropépticos (pequeñas cadenas de proteínas) se liberan a través de la médula espinal y corren por el torrente sanguíneo. Son producidos en la hipófisis, una pequeña glándula ubicada en el cerebro. Hacen que las señales de dolor queden inhibidas y no lleguen al cerebro.

Estos opiáceos, al ser naturales y producidos por nuestro propio organismo, carecen de los efectos secundarios adversos. Por lo tanto: ¡el mejor fármaco contra el desánimo se halla en nuestro interior!

Para hacernos una idea de su poder, las endorfinas son cien veces más potentes que la morfina.

Hay veinte tipos diferentes de endorfinas distribuidas por todo nuestro cuerpo. Tienen, sin embargo, un enemigo natural: las enzimas que producen nuestros propios organismos.

Efectos

Además de inhibir el dolor, tienen los mismos efectos que un potente analgésico o sedante. Paralelamente, producen sensaciones positivas y placenteras, por lo que generan emociones como el placer o la alegría.

Cuando la concentración de endorfinas en sangre es muy elevada, se percibe la realidad de forma alegre y positiva. Por el contrario, cuando esta concentración es baja, esa misma realidad nos parece mucho más triste e incluso depresiva.

No funciona de igual manera para todos los individuos. La concentración efectiva de endorfinas varía según cada persona. Unos necesitamos mayor concentración para lograr un estado placentero mientras que otros logran percibir sus efectos con una menor concentración de estas hormonas en sangre.

En cualquier caso, para todos constituye una potente droga natural generada por el propio organismo.

¿Cómo actúan?

Su efecto es inmediato. En cuanto recibimos una sensación placentera, nuestro organismo comienza a liberar endorfinas. Éstas se ligan a las terminaciones nerviosas de nuestro cuerpo, bloqueando al mismo tiempo la respuesta dolorosa.

Las endorfinas nos proporcionan un estado de «flotación» o placer, por lo que aumenta el tiempo de respuesta de nuestro organismo ante una fuente de dolor. Es decir, en estados de gran bienestar, nuestro nuestro cuerpo no detectará igualmente una fuente de peligro.

Por ejemplo, si tenemos una olla con agua en el fuego tardaremos más en percibir que hierve si nos invaden las endorfinas.

¡Ese es uno de los pocos peligros de la felicidad!

Funciones esenciales de las endorfinas

— Promueven la calma.
— Generan un estado de bienestar.
— Mejoran el humor.

- Reducen el dolor (bloqueando los detectores del dolor en el cerebro).
- Retrasan el proceso de envejecimiento.
- Potencian el sistema inmunitario.
- Reducen la presión sanguínea.
- Contrarrestan los niveles de adrenalina (asociados a la ansiedad).
- Disminuyen los dolores.
- Favorecen la recuperación de la fatiga.
- Bloquean lesiones de los vasos sanguíneos.
- Tienen efectos antioxidantes.

¿Cómo favorecer la producción natural de endorfinas?

Generamos endorfinas cuando realizamos alguna actividad que nos hace sentir bien o cuando hacemos algo que nos gusta. Incluso cuando recordamos momentos agradables nuestro cuerpo genera las mismas endorfinas que liberó cuando se produjo ese momento.

Ese es su fascinante poder. Las endorfinas son un circuito que retroalimenta la felicidad.

Cada vez que realizamos algo que nos supone un estímulo positivo generamos una mayor presencia de endorfinas en nuestro sistema circulatorio. Como cada persona es un mundo, a unos les producirá un aumento de endorfinas la lectura, a otros ver una película, a otros escuchar a su grupo preferido, etc.

Normalmente, a todos nos aumenta la concentración de endorfinas en la sangre cuando paseamos por la playa, tomamos el sol plácidamente, o cuando nos regalamos un reparador masaje o un baño.

En resumidas cuentas, cuando realizamos cualquier actividad que nos gusta. Pero también aumentan significativamente cuando practicamos el sexo (esto nos conduce a un estado de felicidad derivado del estallido hormonal en nuestro organismo), cuando comemos chocolate (se ha demostrado que el consumo de este alimento hace que se libere mayor número de endorfinas), cuando ingerimos cafeína (al rato de tomar un café, el nivel de endorfinas en la sangre es mayor), durante la lactancia (ya que la leche materna contiene gran cantidad de endorfinas que se transmiten al bebé para que esté relajado y a gusto).

Otra manera de estimular la producción de endorfinas es mediante el ejercicio físico. Cuanto más ejercitemos nuestro organismo, más endorfinas segregaremos. Por lo tanto, el deporte nos proporciona mayores concentraciones de endorfinas. Montar en bicicleta, correr, caminar o practicar cualquier ejercicio aeróbico nos llenará el torrente sanguíneo de esta sustancia sedante.

Resumiendo, hay dos tipos de actividad que implican una producción de endorfinas:

1. Las placenteras (incluso simplemente pensar o recordar).
2. Las que suponen un esfuerzo físico.

El hipérico:
impulsor natural del optimismo

¿Cómo es la planta y a qué debe su nombre?

El hipérico es una planta herbácea procedente de Europa, de tallo leñoso y de la familia de las hipericáceas, también conocidas como gutíferas. Debe su nombre de *Hypericum perforatum* a que sus cinco pétalos ovalados, de color amarillo dorado, muestran gran número de pequeños orificios oscuros que componen sus glándulas traslúcidas. Del interior surgen numerosos y alargados estambres. Crece de 30 a 60 centímetros.

Es muy común en terrenos secos y soleados. Nace de manera silvestre en campos destinados al cultivo, donde destaca por su intenso color amarillo.

Esta planta milenaria ha vuelto a utilizarse en las últimas décadas como tratamiento de depresiones leves y moderadas que producen síntomas de tristeza, apatía, sensación de vacío, dificultad para conciliar el sueño...

¿Diferentes nombres para una misma hierba?

Pese a que su nombre científico es *Hypericum perforatum,* se conoce más popularmente como hierba de San Juan. Seguramente debe su nombre a que en Europa, lugar del que procede, el estallido de su floración se produce cerca del 24 de junio, día en que se celebra esta festividad.

Otros nombres por los que se puede identificar esta hierba es el de corazoncillo, sanjuanes, hipericón, perforata, altamisa, pericón, hierba de las heridas o hierba militar.

Los griegos asociaban a su aroma la facultad de alejar a los malos espíritus. En la Edad Media también se le atribuía esta virtud, y era conocida como «fuga daemonium».

¿Desde cuándo se utiliza?

Los beneficios del hipérico son avalados por más de dos mil años de uso.

El padre de la medicina moderna, Hipócrates, que vivió en el siglo IV a.C., ya utilizaba los beneficios de las plantas para sanar enfermedades. Dioscórides, en la Grecia del siglo II a.C., elaboró un tratado farmacológico en el que menciona el hipérico como remedio para la ciática, los dolores menstruales y la fiebre. Tampoco faltaba en ninguna casa romana, donde se utilizaba para curar heridas, cortes e incluso torceduras o esguinces.

Fueron los árabes y los judíos quienes divulgaron por toda Europa sus descubrimientos sobre medicina natural, dando a conocer el hipérico de entre sus valiosos remedios. Lamentablemente, con la Inquisición todo este saber popular fue considerado brujería. Las personas que recurrían a las propiedades de las plantas para sanar eran perseguidas según la creencia de que habían pactado con el diablo. Ante el terror que prodigó dicha institución, quienes durante generaciones y generaciones utilizaron y compartieron los remedios naturales de las plantas dejaron de hacerlo por miedo al repudio o incluso a la hoguera.

Sus virtudes… ¿para qué sirve y cómo se toma?

En nuestra sociedad actual priman unas metas, objetivos y estilos de vida que nos incitan a la búsqueda constante de algo que no sabemos qué es pero que estamos seguros de no tener.

Este «no descanso» en ser lo que se espera que seamos, esa ansia constante por tener lo que debemos poseer (aunque no sepamos para qué o no lleguemos a utilizarlo nunca), hace que cada día haya más casos de ansiedad y depresión entre la población mundial debido a que nunca alcanzamos un estado de bienestar completo con lo que ya disponemos.

Lo que las exigencias de la sociedad provocan lo remedia la propia naturaleza a través de uno de sus propios recursos: el hipérico, una planta medicinal indicada para el tratamiento de depresiones leves y moderadas.

Podemos adquirir esta hierba en farmacias y herboristerías. Se presenta en forma de infusiones, cápsulas, tinturas y geles o cremas.

Sin duda podemos recolectarlo nosotros mismos, ya que es una hierba muy común que frecuenta nuestros campos, o incluso cultivarlo en macetas o jardines.

Como infusión tiene características depurativas y calmantes. Alivia la tensión nerviosa, por lo que está indicado para dolores de cabeza, estados de ansiedad e irritabilidad. Y también tiene beneficios a nivel estomacal, sobre el hígado y sobre los riñones.

Su uso más común y extendido es en forma de cápsulas. Es cómodo y rápido de tomar. Cada cápsula contiene 300 miligramos de polvo de la planta, donde encontramos de 0,3 a 0,5 miligramos de hipericina. Se toman de dos a tres cápsulas diarias para una depresión leve o moderada. Pero la dosis puede aumentarse hasta nueve cápsulas diarias, siempre bajo prescripción de un profesional o médico naturista.

Otros especialistas recomiendan tomar comprimidos de mayor tamaño con la planta machacada, ya que parte de su poder terapéutico se halla en otros componentes además de la hipericina.

En cualquier caso, no se recomienda su administración más de tres meses seguidos ni en épocas de fuerte radiación solar, ya que uno de sus pocos efectos secundarios es la hipersensibilidad a la luz.

El auge de la medicina natural para modular el estado de ánimo

Los medicamentos convencionales —y muy especialmente los psicotrópicos— tienen numerosos efectos secundarios, lo que nos impide desarrollar nuestras actividades diarias de una manera completa. Por ejemplo, hay que tener precaución a la hora de conducir, de manipular maquinaria e incluso herramientas, ya que algunos producen, entre otros efectos, somnolencia.

Por estos motivos, los remedios naturales a base de plantas, que no tienen estos efectos secundarios, están ganando cada día más adeptos.

Algunas alarmas a escala mundial también han impulsado de nuevo la alternativa natural. Entre 1982 y 1990, en Estados Unidos se retiraron doscientos medicamentos del mercado por causar intoxicación a los pacientes que los tomaban. Grandes marcas controlan la producción de determinados medicamentos. Los patentan y les ponen precio. Frente a éstos tenemos la fórmula libre y de bajo coste de producción de la medicina natural.

En Alemania el hipérico está desplazando en su consumo a medicamentos tan conocidos como el Prozac. Su presencia en el mercado germano alcanza cotas del 50 por ciento.

La eficacia del hipérico

El hipérico debe su acción antidepresiva a la combinación de diversos componentes. El más destacado es la hipericina. No se obtienen los mismos beneficios aislando este principio activo, por lo que se recomienda el consumo de la planta completa (tallo, flor, pétalos y hojas) machacada en forma de comprimidos, normalmente tres al día por la mañana.

Sus propiedades son similares a las de los antidepresivos farmacológicos, pero sin los efectos secundarios. Y su producción resulta muy económica frente al elevado coste de los fármacos de última generación.

Además de ser más asequibles, sus contraindicaciones se limitan a la precaución de no tomar el sol, sobre todo en personas de piel sensible, puesto que aumenta la fotosensibilidad y podrían aparecer irritaciones cutáneas.

Se le atribuye una efectividad de entre el 60 y el 80 por ciento en personas deprimidas que experimentaron una mejora en su estado al tomar hipérico por un período de un mes.

Se recomienda no tomarlo durante el embarazo o la lactancia. Está especialmente contraindicado si se consumen psicotrópicos.

El hipérico mitiga la ansiedad y tiene propiedades sedantes que ayudan a conciliar un sueño profundo y plácido, por lo que es un remedio efectivo contra el insomnio. Está recomendado para enfermedades mentales y degenerativas.

Es un remedio natural especialmente eficaz contra la apatía y el pesimismo.

¿Cómo actúa?

Según los estudios realizados, sus efectos en el estado de ánimo se prolongan en nuestro organismo entre 24 y 26 horas. Se hacen patentes a las dos horas o dos horas y media después de su ingesta.

Si se toma una dosis de tres comprimidos diarios, hay que esperar unos siete días para empezar a percibir sus beneficios.

Cuando en nuestro cerebro hay bajos niveles de serotonina, nos mostramos irritables y ansiosos. Para estimular la producción de esta hormona hay que inhibir una enzima que recibe el nombre de monoaminooxidasa (MAO). Esto se consigue suministrando hipericina, componente principal del hipérico.

La carencia de serotonina en el organismo nos provoca dificultad para conciliar el sueño y relajarnos, por eso nos sentimos ansiosos e irritables, y estamos más expuestos a caer en un estado de ansiedad o de depresión.

Algunas curiosidades sobre el hipérico

- En la Antigüedad se esperaba hasta las noches de luna creciente del mes de junio para recolectarlo. Las hierbas recogidas la noche de San Juan, antes de la madrugada, eran las más apreciadas.

  Hoy día se recomienda su recolección cuando desaparece el rocío matutino y antes del sol de mediodía, porque es cuando el contenido en aceite de las hojas es más alto. Las florecillas que justo acaban de brotar son las que contienen más cantidad de componentes beneficiosos.

- El hipérico, pese a ser originario de Europa, está muy extendido por Asia y el norte de África, donde florece

silvestre en los meses de verano. En el continente americano fue introducido desde el norte y se ha extendido hasta llegar a Chile.
- Alemania es una gran productora y exportadora de hipérico. También lo son las costas de California y Chile.
- En 1946 intentaron erradicarlo de las costas del Pacífico de Estados Unidos. Para ello importaron de Australia un potente aliado, un escarabajo denominado *Chrysolina quadrigemina Rossi*, que devora extensiones y extensiones de hipérico. Prácticamente lograron eliminarlo. Ahora que el hipérico resurge como una planta tan beneficiosa para los humanos, en esta zona del planeta tienen que importarlo, ya que no logran exterminar el escarabajo.
- No cabe la posibilidad de sufrir una sobredosis de hipérico, ya que se han realizado pruebas suministrando 35 veces la cantidad diaria recomendada y no se han presentado síntomas.
- Es el antidepresivo botánico más utilizado y estudiado de la historia.
- Aparte de sus usos medicinales también se emplea como aromatizante, como sucedáneo del té y en la fabricación de licores.

Cien comprimidos de vitamina O
(de Optimismo)

1
Los pesimistas son enterrados en tumbas anónimas.
Tampoco he visto nunca levantar un monumento
a un pesimista.
Está claro que mañana será mejor que hoy y siempre será así.

PAUL HARVEY

2
Un pesimista ve la dificultad en cada oportunidad;
un optimista, la oportunidad en cada dificultad.

WINSTON CHURCHILL

3
Una actitud positiva no solucionará todos tus problemas,
pero molestará a suficientes personas
para que el esfuerzo valga la pena.

HERM ALBRIGHT

4
No tengas miedo a la vida.
Cree que vale la pena vivirla y esta convicción
te ayudará en todo lo que te propongas.

WILLIAM JAMES

5
Amar lo que haces y sentir que importa,
¿qué puede haber más divertido?

KATHARINE GRAHAM

6
Te conviertes en alguien notable cuando
comienzas a pensar que puedes hacer cosas.
Si crees en ti tendrás el primer secreto del éxito.

NORMAN VINCENT PEALE

7
La gente siempre culpa a sus circunstancias.
Pero yo no creo en las circunstancias.
Las personas que llegan a su meta son las que se levantan
y buscan las circunstancias que quieren,
y si no pueden encontrarlas, las crean.

GEORGE BERNARD SHAW

8
Actúa como si ya hubieras alcanzado tu objetivo
y será tuyo.

ROBERT ANTHONY

9
Empieza por hacer lo necesario;
a continuación, haz lo que es posible,
y de repente estarás haciendo lo imposible.

FRANCISCO DE ASÍS

10
Un pesimista nunca ha descubierto el secreto
de las estrellas,
o navegado hasta descubrir nuevas tierras
o abierto la puerta del espíritu.

HELEN KELLER

11
Para poder ganar hay que tener
un propósito, el conocimiento de lo que uno quiere,
y un ardiente deseo de alcanzarlo.

NAPOLEON HILL

12

No dejes que lo que no puedes hacer
interfiera en lo que sí puedes hacer.

JOHN WOODEN

13

La realidad de la vida es que tus percepciones,
correctas o incorrectas, influyen en todo lo que haces.
Al obtener una percepción adecuada de las cosas,
te sorprenderás de cómo se desmoronan
muchos problemas.

ROGER BIRKMAN

14

Viaja con confianza en la dirección de tus sueños.
¡Vive la vida que has imaginado!

HENRY DAVID THOREAU

15

Los milagros ocurren todos los días.
No sólo en pueblos remotos
o en lugares sagrados a medio camino hacia el otro lado
del planeta, sino aquí, en nuestras propias vidas.

DEEPAK CHOPRA

16
Nadie puede volver atrás y hallar un nuevo comienzo,
pero cualquiera puede comenzar hoy y hacer
un nuevo final.

MARIA ROBINSON

17
No creo que la raza humana sobreviva
los próximos mil años,
a menos que se difunda por el espacio.
Hay demasiados accidentes que puede sufrir la vida
en un solo planeta.
Pero soy un optimista.
Vamos a llegar a las estrellas.

STEPHEN HAWKING

18
Haz un bocadillo de cada capa de crítica
y métela entre dos grandes trozos de alabanzas.

MARY KAY ASH

19
Las cosas positivas suceden a la gente positiva.

SARAH BEENY

20
Cuando tatuamos nuestras mentes con pensamientos negativos, nuestras posibilidades disminuyen.

JOHN MAXWELL

21
Somos lo que repetidamente hacemos.
La excelencia, entonces, no es un acto,
sino un hábito.

ARISTÓTELES

22
Cuando vives la vida reconociendo las coincidencias y sus significados, conectas con un campo subyacente de posibilidades infinitas.

DEEPAK CHOPRA

23
Aún sigues en contacto con el niño que tuvo sueños imposibles.

HUGH HEFNER

24

Si tienes la mente abierta y eres brillante,
puedes empezar por el tejado.

URI GELLER

25

La vida es demasiado corta para gastar tu precioso tiempo
tratando de convencer a una persona que quiere vivir
en la oscuridad y el castigo.
Dale a esa persona tu mejor consejo,
pero no te quedes el tiempo suficiente para que su mala
actitud te arrastre con ella. Por el contrario,
rodéate siempre de personas optimistas.

ZIG ZIGLAR

26

Los líderes tienen que ser optimistas.
Su visión va más allá del presente.

RUDY GIULIANI

27
Me he dado cuenta de que cuando empiezas a decir
y hacer lo que realmente sientes,
tu mente te lleva directamente en esa dirección.
Y a veces puede ser tan sencillo como hacer pequeños cambios
en tu vocabulario diario.

JIM ROHN

28
Podríamos lograr muchísimas más cosas
si algunas de ellas no las viéramos como imposibles.

VINCE LOMBARDI

29
Cuando te pregunten si sabes hacer un trabajo
contesta siempre:
—¡Sí puedo!
A continuación preocúpate por aprenderlo.

THEODORE ROOSEVELT

30
Sé agradecido con lo que tienes y acabarás teniendo más.
Si te concentras en lo que no tienes,
nunca tendrás suficiente.

OPRAH WINFREY

31
La mirada de la felicidad reside en hablar de ella.

PROVERBIO ÁRABE

32
La vida tiene su lado sombrío y su lado brillante;
de nosotros depende elegir el que más nos plazca.

SAMUEL SMILES

33
No seas pesimista... un pesimista acierta más a menudo
que un optimista, pero este último lo pasa mucho mejor,
y ninguno de los dos puede parar el curso
de los acontecimientos.

ROBERT A. HEINLEIN

34
Si no defiendes algo,
te rendirás por cualquier cosa.

MALCOM X

35

Las personas se ocupan demasiado de lo negativo,
de lo que está mal...
¿por qué no intentar ver las cosas positivas
y procurar hacerlas florecer?

THICH NHAT HANH

36

Pensar con un propósito
es empezar a entrar en las filas de los fuertes,
que sólo reconocen el fracaso como una de las vías
para el logro.

JAMES ALLEN

37

No juzgues el día por la cosecha que has recogido,
sino por las semillas que has sembrado.

ROBERT LOUIS STEVENSON

38

No puedo creer que haya alturas que no puedan ser
alcanzadas por un hombre que conoce el secreto
de hacer realidad los sueños.
Este secreto es curiosidad, valor y constancia,
y el mayor de todos, confianza.
Si crees en una cosa, cree en ella durante todo el camino,
de forma implícita e incuestionable.

WALT DISNEY

39

Con un solo día de lectura,
un hombre puede tener la clave del éxito en sus manos.

EZRA POUND

40

Mantente lejos de las personas que tratan de menospreciar
tus ambiciones.
Las personas pequeñas siempre lo hacen,
las personas grandes hacen que sientas
que tú también puedes ser grande.

MARK TWAIN

41
Una actitud optimista es importante pero es sólo una parte
de la historia. Comprender cómo superar el dolor,
la duda y el fracaso es un componente vital para ganar
en el juego de la vida.

CHIN-NING CHU

42
Cuando una persona pone un límite a lo que hará,
pone un límite a lo que puede hacer.

CHARLES M. SWAB

43
Pon los hombros rectos, deja cantar al corazón,
haz que brillen tus ojos, despierta tu mente,
mira hacia arriba y di... ¡nada es imposible!

NORMAN VINCENT PEALE

44
Si te encuentras en el infierno,
sigue caminando hacia delante.

WINSTON CHURCHILL

45

¿La diferencia entre un pesimista y un optimista?
Un optimista se ríe para olvidar,
un pesimista se ha olvidado de reír.

TOM BODETT

46

Si juntas esperanza, amor y fe,
puedes educar a niños positivos en un mundo negativo.

ZIG ZIGLAR

47

Lo que crees es lo que creas.

ÁLEX ROVIRA

48

No trates sólo de ser mejor que tus antecesores
y predecesores.
Trata de ser mejor que tú mismo.

WILLIAM FAULKNER

49

Lo que ayuda a la suerte es el hábito de ver las oportunidades,
de tener una mente paciente pero inquieta,
de sacrificar la facilidad o la vanidad,
de unir el amor a la previsión del detalle,
y de pasar por tiempos difíciles con valentía y alegría.

CHARLES VICTOR CHERBULIEZ

50

Lo único que se interpone entre un hombre y lo que
quiere de la vida a menudo se limita a la mera voluntad
de intentarlo y la fe de creer que es posible.

RICHARD M. DEVOS

51

El Universo no sabe la diferencia que hay entre
un céntimo y un millón.
Si no aceptas una moneda de diez centavos,
el Universo piensa que no quieres el dinero,
por lo que tus posibilidades de fracaso aumentarán.

STUART WILDE

52

El éxito está hecho en un 99 por ciento de fracaso.

SOICHIRO HONDA

53

Aunque supiera que al día siguiente el mundo
se haría pedazos,
yo seguiría plantando un manzano.

MARTIN LUTHER KING

54

La oportunidad se encuentra en el centro de la dificultad.

ALBERT EINSTEIN

55

El hombre que asume la posesión
de su propia mente puede tomar con pleno derecho
la posesión de cualquier cosa.

ANDREW CARNEGIE

56

Ten siempre en cuenta lo que te queda.
Nunca lo que has perdido.

ROBERT LOUIS STEVENSON

57

Si no puedes cambiar tu destino, cambia tu actitud.

AMY TAN

58

Alimentar la mente con grandes pensamientos
para creer en la heroicidad hace a los héroes.

Benjamin Disraeli

59

Un viaje de mil millas empieza por un solo paso.

Lao Tse

60

Si tenéis el hábito de tomar las cosas alegremente,
rara vez os encontraréis en circunstancias difíciles.

Robert Baden Powell

61

Todos los que han obtenido grandes logros
han tenido a la vez un gran objetivo,
han fijado su mirada en uno que estaba muy alto,
tanto que a veces parecía imposible.

Orison Swett Marden

62

Incluso en las circunstancias más horribles
hay gente capaz de encontrar oportunidades
para hacer lo que saben hacer.

Mihaly Csikszentmihalyi

63
La felicidad no es un estado al que se llega,
sino una manera de viajar.

RUNBECK MARGARET LEE

64
Tú debes ser el cambio que te gustaría para el mundo.

MAHATMA GANDHI

65
No existen las malas experiencias.
No importa lo que acontezca en la vida,
si se trata de un duro desafío o de una vivencia placentera,
cada una me proporciona algo de valor si sé aprender de ellas.

TONY ROBBINS

66
No sigas por el camino por el que puedas conducir.
Sigue por aquel que no esté marcado y deja un rastro.

RALPH WALDO EMERSON

67
Cualquier cosa para la que eres bueno contribuye
a tu felicidad.

BERTRAND RUSSELL

68

Cada valor positivo tiene un precio en términos negativos...
el genio de Einstein se pagó con Hiroshima.

PABLO PICASSO

69

No tengo miedo al mañana
porque vi el ayer y me encanta el hoy.

WILLIAM ALLEN WHITE

70

Es así de simple: una vez sustituyas los pensamientos
positivos por los negativos, empezarás a tener resultados
positivos.

WILLLIE NELSON

71

Comienza haciendo lo que quieres hacer ahora.
No vivimos en la eternidad.
Sólo tenemos este momento,
brillando como una estrella en nuestras manos
pero fundiéndose como una bola de nieve.

MARIE BEYON RAY

72

Todo crecimiento es un salto en la oscuridad,
un acto espontáneo no premeditado
sin el beneficio de la experiencia.

HENRY MILLER

73

No puedo cambiar la dirección del viento,
pero puedo ajustar las velas para llegar a mi destino.

JAMES DEAN

74

Tal vez nuestros ojos deban ser lavados por las lágrimas
de vez en cuando para que podamos ver la vida
más claramente.

ALEX TAN

75

Dios no tuvo tiempo de hacer un don nadie,
sólo un don alguien.
Cada uno de nosotros tiene un talento divino
que espera ser desarrollado.

MARY KAY ASH

76
Para ser feliz elimina de tu vocabulario la palabra «si...» y sustitúyela por «la próxima vez...».

SMILEY BLANTON

77
Nunca es demasiado tarde.
Nunca es demasiado tarde para empezar.
Nunca es demasiado tarde para ser feliz.

JANE FONDA

78
Con demasiada frecuencia llegamos a la conclusión de que algo es imposible simplemente porque aún no somos capaces de ver la solución.

WAYNE DYER

79
Un mar calmado nunca formó a un buen marinero.

PROVERBIO INGLÉS

80
Cuando sentimos alegría, deberíamos compartirla.
La felicidad nace para ser compartida.

LORD BYRON

81
La mayor arma contra el estrés es nuestra capacidad
de cambiar un pensamiento por otro.

WILLIAM JAMES

82
No puedes decidir cómo vas a morir.
Sólo puedes decidir cómo quieres vivir.

JOAN BAEZ

83
Cantemos a lo largo de nuestro viaje.
Hagámoslo más ameno.

VIRGILIO

84
El primer paso para solucionar los problemas
es el optimismo.
Basta creer que se puede hacer algo para tener ya medio
camino hecho y la victoria muy cerca.

JOHN BAINES

85

El mal es un término relativo,
porque puede convertirse en algo bueno.
Lo que es malo para uno
es a la vez bueno en otro momento para otra persona.

MENCIO

86

La vida de un hombre no es más que el producto
de sus pensamientos; se convierte en lo que piensa.

MAHATMA GHANDI

87

Hay poca diferencia entre las personas,
pero esa poca diferencia supone una gran diferencia.
La diferencia pequeña es la actitud,
la gran diferencia es si es positiva o negativa.

W. CLEMENT STONE

88

Siempre habrá flores para aquellos que quieran verlas.

HENRY MATISSE

89
Un gran placer en la vida es hacer
lo que la gente dice que no puedes hacer.

WALTER BAGEHOT

90
No tengas miedo de construir castillos en el aire.
Es allí donde tienen que estar.
Ahora tienes que poner los cimientos debajo.

HENRY DAVID THOREAU

91
No te preocupes porque tu vida pueda terminar.
Preocúpate por si no ha empezado.

GRACE HANSEN

92
El optimista cree en los demás,
el pesimista sólo cree en sí mismo.

GILBERT KEITH CHESTERTON

93
La fórmula del éxito es muy sencilla:
dobla tu índice de fracasos.
Hasta hoy habías considerado el fracaso
como el enemigo del éxito, pero no es así.
Con cada fracaso podemos desanimarnos
o podemos aprender.
En estas lecciones está la clave del éxito.

THOMAS J. WATSON

94
En el fondo, todos los pesimistas son unos holgazanes.

JOSTEIN GAARDER

95
La equivocación es sólo un cambio de dirección temporal
que te llevará directo al éxito.

WAITLEY DENIS

96
Nunca he pensado en las consecuencias de fallar un gran tiro;
si piensas en las consecuencias siempre
pensarás en un resultado negativo.

MICHAEL JORDAN

97

El hombre no nace para resolver los problemas
del Universo pero sí para resolver lo que tiene que hacer.

JOHANN WOLFGANG VON GOETHE

98

Un hombre puede ser un pesimista radical antes
del almuerzo y un optimista convencido después de éste.

ALDOUS HUXLEY

99

Saltar de alegría es el mejor de los ejercicios.

ANÓNIMO

100

Cuando una persona desea algo con todas sus fuerzas,
el Universo entero conspira para que lo consiga.

PAULO COELHO